FOLIO
JUNIOR

© Éditions Gallimard, 1955, 1984, pour le texte
© Éditions Gallimard Jeunesse, 2002, pour le petit carnet de mise en scène
© Éditions Gallimard Jeunesse, 2013, pour la présente édition

CE QUE PARLER VEUT DIRE

de **Jean Tardieu**

Petit carnet de mise en scène
de Laure Caille-Bonnet,
comédienne

GALLIMARD JEUNESSE

Sommaire

Ce que parler veut dire *ou* Le patois des familles | 5
De quoi s'agit-il? *ou* La méprise | 29
Le meuble, | 47
Le guichet | 59
Petit carnet de mise en scène | 95

Ce que parler veut dire
ou
Le patois des familles

Personnages

LE PROFESSEUR F..., *(sans âge!)*

MONSIEUR B... ⎫
MADAME B... ⎭ *Premier exemple (le Rite du Retour-à-la-Maison)*

MONSIEUR X... ⎫
MADAME X... ⎭ *Deuxième exemple (le Devoir conjugal).*

LES ÉLÈVES ⎫ *Troisième lot d'exemples*
(dans le public) ⎭ *(le Dictionnaire).*

MONSIEUR Z... ⎫
MADAME Z... ⎭ *Quatrième exemple (l'Argot familial).*

L'AMI

LA BONNE

LE JEUNE SPECTATEUR OBÉISSANT, *rôle muet.*

LE PHONOGRAPHE, *rôle mécanique.*

LE REPRÉSENTANT DE L'ORDRE, *rôle administratif.*

Nota. – De tous les personnages apparaissant dans ce sketch, un seul doit obligatoirement être interprété par le même comédien : celui du Professeur.

Les autres, étant appelés seulement à illustrer, par de brèves scènes, le cours du Professeur, peuvent être interprétés par un petit nombre de comédiens jouant successivement plusieurs rôles.

Le rideau est baissé. Le Professeur apparaît sur le proscenium et salue.

LE PROFESSEUR

Mesdames, mesdemoiselles, messieurs,

Ma longue expérience de la Linguistique, jointe à mes observations cliniques et sociologiques sur les mœurs contemporaines, m'a – ou m'ont – permis de dresser un catalogue à peu près complet de toutes les déformations que subit le langage à l'intérieur des groupes sociaux – principalement dans les familles.

Ce catalogue – véritable Herbier de la Flore verbale – comporte un trop grand nombre de spécimens pour que je puisse, en une seule séance, vous donner une idée, même approximative, de son ampleur et de sa diversité.

Néanmoins, permettez-moi de vous présenter ce soir quelques exemples choisis parmi les curiosités du langage vivant – avec toute la « mise en scène » dont ils sont le plus souvent accompagnés.

Voici d'abord, dans le groupe très important des *Langages familiaux*, un sous-groupe remarquable que j'ai baptisé «Le dialecte de la Lune de Miel», lui-même subdivisé en *espèces*, telles que le «Marmottement préliminaire», le «Roucoulement des Fiançailles», etc.

Vous allez assister à une scène – voyons *(Il cherche dans ses notes.)* c'est le cas n° L 4, 7803 – qui se reproduit tous les soirs, lorsque Monsieur B..., vingt-huit ans, rentre chez lui et retrouve Madame B..., vingt-cinq ans. Je l'ai nommé le «Rite du Retour-à-la-Maison».

Le rideau se lève derrière le Professeur. Celui-ci se place de côté, de façon à laisser voir la scène et à pouvoir commenter, pour le public, ce qui s'y passe.

LE PROFESSEUR

Le décor que vous voyez représente un intérieur de petit ménage, symbolisé par cette table et ces deux chaises. Madame B..., jeune femme, jolie et toute simple, est debout face au public. On sonne. Elle va ouvrir. Monsieur entre. Il vient de terminer sa journée de travail.

Vous avez là un bel exemple de rite conjugal. Monsieur B..., par sa mimique expressive, s'efforce d'évoquer une bête fauve, un lion probablement, ou encore un jeune puma : il a les pattes en avant, les griffes dressées, il secoue sa crinière et son rictus semble celui d'un animal féroce.

Monsieur B... rugit deux ou trois fois.

Tiens! le voilà qui rugit. Cependant, ce n'est point là un rugissement de chasse – prenons-y garde! – ni de colère. Nous le voyons bien par l'attitude de Madame B... Elle joue, à n'en pas douter, la comédie de la femelle du félin, surprise par le retour du mâle. Le rite, qui ne dure en tout que quelques secondes, se termine souvent par la courte scène que voici. Monsieur B... rugit encore une fois, mais sur un ton interrogatif...

Monsieur B... rugit ainsi qu'il a été dit.

... Cela veut dire : «Veux-tu venir te promener avec moi?» Or, si Madame B... répond sur un ton lassé, chromatique et descendant... *(Madame B... rugit lamentablement.)*... cela veut dire : «Non! Je suis fatiguée, restons à la maison.»
Si, au contraire, elle répond avec entrain *(Madame B... fait entendre un «Iroum» joyeux)*,... cela veut dire : «Oui, je veux bien. Sortons!»
Si enfin elle rugit avec allégresse deux ou trois fois en sautillant... *(Madame B... fait comme il dit.)*,... cela veut dire : «Allons au cinéma!»

Le rideau se ferme. Court silence. Le Professeur s'embrouille dans ses notes.

LE PROFESSEUR
Je vais maintenant vous présenter, dans la même série, un spécimen de dialogue *secret*, dont la signification est telle… que je crois de mon devoir d'avertir les pères et mères de famille : s'il y a, dans cette salle, des enfants de… moins de vingt ans, je leur conseille de sortir, pendant quelques moments, juste le temps que dure la scène.

Le Professeur s'arrête et scrute l'assistance. Du milieu du public se lève alors un immense jeune homme à la moustache naissante, aux vêtements trop courts. Il s'extrait péniblement des rangs des spectateurs. Le visage pourpre, il a l'air horriblement gêné.

LE PROFESSEUR
Merci, jeune homme ! Vous êtes très raisonnable… Bon ! Voilà qui est fait. Je disais donc, Mesdames et Messieurs, qu'il s'agit d'un dialogue familial rituel, comme le précédent, mais ayant trait, celui-ci, comment dirai-je, voyons, à… ce que… l'on appelle quelquefois le « devoir conjugal », vous voyez ce que je veux dire ? C'est tout à fait confidentiel. Je n'insiste donc pas.
Ceci est une observation tout à fait curieuse. Elle a été recueillie par une de mes préparatrices, qui eut

beaucoup de mal à l'obtenir. C'est, en effet, un langage à clé, un *secret* jalousement gardé par les deux sujets en présence : Monsieur X… trente-quatre ans, Madame X…, vingt-sept ans. La scène se passe au domicile des conjoints… *(Le rideau s'ouvre. Tout va se passer comme l'indique le Professeur.)*… Monsieur et Madame X… sont assis dans leur salle à manger. Ils viennent de dîner. Madame brode, Monsieur termine un petit verre…

MONSIEUR X…, *d'un air entendu.*
Dis donc, Arlette, ma chérie, si nous allions réviser la Constitution !… Tu sais, les noisetiers sont couverts de kangourous.

Madame se tait pudiquement.

LE PROFESSEUR
À cette invitation, Madame répond, suivant le cas, soit par un refus :

MADAME X…
Non, mon chéri ! Il y a des nuages de sainfoin sur les coteaux de Suresnes et le rossignol n'a pas été reçu à l'Agrégation !

LE PROFESSEUR
… soit par un acquiescement :

Madame X..., *avec tendresse.*
Ô mon ami, tu sais bien que le cri des canards sauvages réjouit le cœur du Samouraï.

Le Professeur
Parfois même, elle ajoute :

Madame X, *commençant une phrase avec un sourire prometteur.*
Si le jardinier de l'Empereur s'aperçoit que les buissons du parc...

Le Professeur, *l'interrompant avec effroi.*
Non, non ! Arrêtez, mademoiselle, arrêtez ! Après ce que je viens d'expliquer, tout ce que vous diriez serait affecté de sous-entendus... gênants ! Restons-en là, je vous prie !

Le rideau se ferme.

Le Professeur, *s'adressant au fond de la salle.*
Maintenant, le bon jeune homme peut revenir !

À cette injonction répond, de sa place, telle ou telle personne préposée au maintien de l'ordre, une ouvreuse, par exemple.

Le représentant de l'ordre
Monsieur le Professeur, je ne crois pas qu'il... revienne.

LE PROFESSEUR
Bravo, mon ami, pour ce conditionnel dubitatif!...
Mais, dites-moi, pourquoi le bon jeune homme ne reviendrait-il pas?

LE REPRÉSENTANT DE L'ORDRE
Eh bien... on l'a vu d'abord se promener de long en large devant la porte. Et puis une dame... qui passait lui a demandé son chemin. Alors... ils sont partis ensemble.

LE PROFESSEUR
Brave jeune homme! Il n'a pu résister à la tentation de rendre service! *(Un court silence. Il consulte encore ses notes.)* Mesdames et messieurs, avant d'aller plus loin, je voudrais vous faire entendre un disque où sont enregistrées quelques-unes de ces interjections, de ces petits phonèmes brefs qui, émaillant notre conversation, ne sont pourtant pas des mots véritables et n'ont pour ainsi dire de sens que s'ils sont *prononcés* d'une certaine façon. Comme vous le savez, en effet, les artifices de la voix, tels que les intonations, les sons gutturaux, les bruits de soufflet, les sifflements, les toussotements, les claquements de langue, et cætera, n'ont pas encore l'honneur d'être notés dans le langage écrit!... *(On apporte un phonographe. Le Professeur pose un disque sur le plateau. Mais les interventions du Disque enregistrées sur des «sillons»*

séparés et repérés à l'avance vont, après un début normal, « surprendre » le Professeur, comme si la machine parlante était devenue subitement autonome et douée d'une initiative propre. Le Disque, tantôt imaginera une réplique, tantôt répétera ironiquement ce que vient de dire le Professeur, à la façon d'un malicieux écho ou d'un perroquet trop bien dressé, le tout si rapidement que, même si les répliques du Disque et du Professeur se chevauchent, l'effet comique n'en sera pas moins obtenu.) Écoutez d'abord les « ouais » de l'incrédulité. *(Le Disque répète plusieurs fois : ouais... ouais... ouais...)* ... puis le « ah ! là là ! » d'une personne lassée, excédée, par quelqu'un qui l'ennuie, qui, par exemple, lui fait faire un travail fastidieux, trop connu, trop rabâché, dont cette personne voudrait bien être délivrée. Écoutez bien ce « ah ! là là ! ».

Le disque commence à répéter plusieurs fois : Ah ! là là !... Ah ! là là ! Le Professeur, la tête penchée, l'index levé, écoute son disque avec satisfaction. Soudain, celui-ci ajoute quelque chose de son cru.

LE DISQUE
Ah ! là là !... Ah ! là là !... Ce qu'il est embêtant avec ses exemples !... Ce qu'il est embêtant avec ses exemples !... Ce qu'il est embêtant avec ses exemples... Ah ! là là !...

LE PROFESSEUR, *stupéfait et comme s'adressant au Phonographe.*
Mais... mais... mais ! Je n'ai pas dit ça, voyons !

LE DISQUE, *imperturbable.*
Mais... mais... mais! Je n'ai pas dit ça, voyons!
Mais... mais... mais! Je n'ai pas dit ça, voyons...
Mais... mais... mais! Je n'ai pas dit ça, voyons!...

LE PROFESSEUR
Je n'y comprends rien! Mais c'est à devenir fou! Mais c'est un scandale!... Mais cette machine est possédée par le diable!... *(En s'adressant au Disque.)* En voilà des initiatives!... Me faire ça à moi!... Vous devriez avoir honte!... *(Menaçant).* Je ne sais ce qui me retient...

LE DISQUE, *mélangeant ses répliques à celles du Professeur et les répétant avec des «variantes» imprévues.*
Tu n'y comprends rien! Ça ne fait rien! Tu peux toujours parler!... C'est à devenir fou!... Ne te gêne pas!... Mais c'est un scandale!... Mais cette machine est possédée par le diable!... Me faire ça à moi!... Vous devriez avoir honte!... Je ne sais ce qui me retient... *(À ce moment, comme s'il y avait une panne électrique, le Disque ralentit et répète sur un registre de plus en plus caverneux, sur un rythme de plus en plus lent et lamentable :)* ... Je ne sais ce qui me retient!... Je ne sais ce qui me retient!... Je ne sais ce qui me retient!..
Puis s'arrête tout à fait.

LE PROFESSEUR, *s'épongeant.*
Ah! là là!... *(À peine a-t-il dit ce mot, qu'il jette un regard inquiet*

et soupçonneux sur le Phonographe – mais celui-ci ne dit mot. Alors le Professeur ajoute :) ... Ouf!... *(Même jeu.)* ... Mesdames et messieurs, je tiens à m'excuser auprès de vous de cet incident technique... *(À la cantonade.)* S'il vous plaît... Délivrez-nous de cet insupportable bavard!...

On emporte l'appareil. Le Professeur suit des yeux le déménagement et s'apprête, rassuré, à continuer sa conférence lorsqu'on entend, dans la coulisse, le Disque répéter en «accéléré», c'est-à-dire sur un ton suraigu et sur un rythme endiablé.

LE DISQUE, *dans la coulisse, comme furieux d'avoir été emmené de force.*
Délivrez-nous de cet insupportable bavard!... Délivrez-nous de cet insupportable bavard! Délivrez-nous...

La voix du Disque s'éloigne et s'arrête.

LE PROFESSEUR, *haussant les épaules et continuant.*
Afin d'oublier... Mesdames et messieurs... ce fâcheux incident, je vais vous prier de participer à un petit jeu scolaire qui, avec votre permission, doit me fournir d'utiles renseignements sur l'usage de certains mots... Quels sont ceux d'entre vous qui ont lu mon *Dictionnaire des mots sauvages de la Langue française*?

Il tire un livre de sa poche.

DEUX OU TROIS COMPÈRES, *placés dans les rangs des spectateurs.*
Moi !... Moi, monsieur !... Moi, m'sieu !

Nota. – On peut prévoir pour cette scène trois compères dont un adulte et deux collégiens – un garçon et une fille de quinze ou seize ans. On peut aussi imaginer que l'on imprime et distribue à l'entrée, à chaque spectateur, la liste des mots – avec leur définition – sur lesquels le Professeur va interroger les élèves. Et cela pourrait être un jeu assez vif auquel participerait le public.

LE PROFESSEUR
Bon, bon, bon !... Heu... voyons ! Vous savez, je suppose, que ce dictionnaire a, pour la première fois, opéré le recensement de ces petits mots, en apparence insignifiants, et cependant très répandus – diminutifs familiers, phonèmes imitatifs, etc. – qui émaillent notre discours et nous laissent apercevoir, soudain, je ne sais quels reflets terrifiants du balbutiement primitif des sociétés, je ne sais quels échos d'une danse rituelle de sauvages en pleine forêt vierge : galops des *dadas*, furie des *zizis*, *boum-boum* des *tam-tams*, *papattes* des *bêbêtes*, piques des *coupe-kikis*, hurlements des *totos* et *niam-niams*, ondulement des *chichis*, des *dondons*, et *clic* et *clac* et *bing* et *crac*, *tralala*, *panpan*, *hop là*, *poum* ! *(S'étant*

un peu trop excité au cours de cette énumération, le Professeur s'éponge le front.) Voyons, vous, monsieur, voulez-vous me donner la définition du mot *bibi* ?

L'ÉLÈVE, *récitant de façon très scolaire.*
Un : première personne du singulier du pronom personnel : moi, je, ma pomme, mézigue... Deux : petit chapeau féminin... Trois : petit baiser.

Le Professeur
Parfait... Et vous, mademoiselle, maintenant. Voulez-vous me dire quelle est la signification du mot *chou* ?

La jeune élève
Un, substantif : légume rond, replié sur un cœur tendre. Deux, petit gâteau *idem*. Trois, petite personne *idem*. Quatre, adjectif : aimable, complaisant, gentil.

Le Professeur
Exemple :

La jeune élève
Soyez *chou*, emmenez Lolotte en *teuf-teuf*.

Le Professeur, *quêtant une réponse dans l'assistance.*
Traduction ?...

UN ÉLÈVE
Soyez assez aimable pour inviter Charlotte à faire une promenade en automobile.

LE PROFESSEUR
Parfait!... Et maintenant, le sens du mot *Dudule*?

UN ÉLÈVE
Diminutif de Théodule. Par extension, sert aussi de diminutif pour Alfred, Gaston, Ambroise, Pierre, Eusèbe, Émile et Antoine.

LE PROFESSEUR
Dondon?

UN ÉLÈVE
Dame ayant de l'embonpoint. La grosse *dondon* est la femme du gros *patapouf*.

LE PROFESSEUR
Cz... cz... cz... cz...

UN ÉLÈVE
Phonème strident par lequel on excite au combat, contre un adversaire, quelqu'un pour qui l'on prend parti. Exemple : «Cz... cz!...» faisaient les Romains pendant le combat des Horace et des Curiace.

LE PROFESSEUR
Brr!... brr!...

UN ÉLÈVE
Primo : accueil glacial. « Le ministre vient de me recevoir, brrr!... » Secundo : épouvante. « Brrr!... Un fantôme!... »

LE PROFESSEUR
Attention, maintenant. Qu'est-ce que le *kiki*?

UN ÉLÈVE
Premier sens. On admet que cet organe se situe à un point quelconque entre les maxillaires et les clavicules. Serrer le kiki, étrangler. Exemple : « l'État serre le kiki des gogos. » L'État moderne étrangle les contribuables. Deuxième sens : adjectif, mesquin, médiocre. Voir aussi rikiki.

LE PROFESSEUR, *d'un geste de la main, appelle aussitôt la réplique d'un Autre Élève.*
Rikiki?

UN AUTRE ÉLÈVE
Rikiki : mièvre, petit, d'une conception étriquée. Le style *rikiki* n'est pas le style *rococo*.

LE PROFESSEUR, *même jeu.*
Rococo?

Un élève
Voir *coco*. Le *coco* est au *rococo* ce que le *kiki* est au *rikiki*.

Le Professeur, *même jeu.*
Coco?...

Un élève
Un, de barocco, baroque. Terme d'esthétique : art périmé ou académique. La peinture *coco* employait des couleurs *caca*.

Le Professeur, *enchaînant très rapidement par gestes, comme aux enchères, à chacune des définitions suivantes.*

Un élève
Deux : noix de coco, fruit exotique. Au figuré, crâne chauve.

Un autre élève
Trois : jus de réglisse très apprécié des lycéens.

Un autre élève
Quatre : nom d'un stupéfiant. «Il prend de la coco.»

Un autre élève
Cinq : œuf à la coque, diminutif de la première syllabe du nom de Colomb, Christophe. D'où : l'œuf de Colomb.

Un autre élève
Nom du perroquet apprivoisé. «A bien déjeuné, Coco?»

Un autre élève, *très vite.*
Autres expressions : «mon coco», terme affectueux, «un joli coco», un sale type, «un drôle de coco», personne bizarre.

Le Professeur, *se frottant les mains.*
C'est parfait. Voici une excellente leçon… Je vous remercie. *(Il remet le dictionnaire dans sa poche.)* Terminons, voulez-vous, sur un exemple d'importance, puisé, comme tout à l'heure, dans le groupe de mes observations sur les «langages familiaux». Ici, nous allons voir une famille aux mœurs respectables, et même austères, adopter pour son usage particulier – j'allais dire : pour l'usage interne – une langue étrange, une sorte d'argot privé, un «sabir» composé presque uniquement de vocables empruntés au langage enfantin. Ces vocables, vous ne l'ignorez pas, sont de deux sortes. Il y a les mots inventés par les petits enfants eux-mêmes, c'est-à-dire des mots courants simplifiés ou déformés. Exemples : «mazé» pour «manger». «Toutou» pour le chien. «Toutou a mazé fiture.» : «Le chien a mangé de la confiture.» Et puis, il y a ces mots touchants et ridicules qu'inventent les grandes personnes – bien à tort, il est vrai ! – sous prétexte

de «se mettre à la portée des enfants». Ces mots consistent, le plus souvent, en syllabes à répétition niaise et bêtifiante. Exemples classiques : «Toutou» (déjà nommé) pour «le chien», «dada» pour «le cheval» ou «lolo» pour «le lait». La famille-type qui va vous être présentée, en une courte scène, emploie exclusivement ce vocabulaire, dès que ses membres se trouvent réunis pour ainsi dire «à huis clos». Par contre, ces braves gens recouvrent instantanément l'usage du français normal dès qu'ils se trouvent en présence d'une personne étrangère à leur groupe. C'est là ce que j'ai appelé le «Dialecte défensif d'appartement», ou plus simplement : le «bla-bla de bébé». Voici d'abord Monsieur Z..., rentrant chez lui, accompagné d'un de ses amis. Comme vous pourrez le constater, il parle, pour le moment, de façon très normale.

Le rideau s'est levé sur une pièce quelconque. Monsieur Z... ouvre la porte, s'efface pour laisser passer son camarade et entre après lui en secouant son trousseau de clés avec satisfaction.

MONSIEUR Z..., *il est d'un aspect sévère et suffisant.*
Un lorgnon d'or tremble sur son nez.
Et nous voici arrivés! *(Soupir de contentement.)* Mon cher, tu me feras bien le plaisir d'accepter quelque chose, avant de repartir?

L'Ami, *consultant son bracelet-montre.*
Non vraiment. Merci mille fois, car je dois rentrer. Mais je suis ravi d'avoir pu bavarder avec toi jusqu'ici... Ainsi tu estimes que, dans cette affaire, mon intervention ne te serait d'aucun secours ?

Monsieur Z...
Mais non, mon bon, mon cher ami ! Mais non !... Note que je ne te suis pas moins reconnaissant de tes offres. Ah ! ah ! tu es un ami, toi, un vrai – et moi aussi d'ailleurs ! Nous mériterions que l'on applique à notre vieille amitié ce qu'écrivait ce... grand essayiste, en parlant de...
Il hésite.

L'Ami
Eh bien, de... cet autre ! Allons ! Au revoir et mes respects à ta femme.

Monsieur Z...
Au revoir, au revoir, mon vieil et excellent ami !
Exit l'ami. Aussitôt après, apparaît Madame Z...

Le Professeur, *à mi-voix.*
Voici Madame Z... Observez bien le changement !

Monsieur Z..., *toujours aussi digne.*
Coucou à la mémère ! Bozou la dadame à bibi !

Madame Z..., *avec naturel.*
Bozou le peussieu! Kiki c'était qu'était avé le peussieu?

Monsieur Z...
C'était le zami.

Madame Z...
L'est déjà pati, le zami?

Monsieur Z...
L'est pati, pati.

Madame Z...
Pouka qu'est pati? Pouka qu'est pu là? Pouka qu'a pas mazé avé nous, le zami?

Monsieur Z...
Paque vite-vite râtrer mizon avé teuf-teuf.

Le Professeur, *traduisant à mi-voix.*
Parce qu'il avait hâte de rentrer chez lui en taxi.

Madame Z...
L'avait ben cavaillé, le ché peussieu à la dadame?

Le Professeur, *même jeu.*
Mon cher époux a-t-il bien travaillé?

MONSIEUR Z..., *rêveur, avec un soupir.*
Eh oui! Cavaillé! Ben cavaillé! Bôcou cavaillé! Touzou cavaillé, pou gagner sou-soupe à dadame et bébé.

MADAME Z..., *soupçonneuse.*
Tur-lu-tu-tu! Ben vrai, ben vrai? Cavaillé ou pas cavaillé?

MONSIEUR Z..., *indigné.*
Coba, pas cavaillé! A fait bla-bla poum-poum avé les plouplous du tralala!

LE PROFESSEUR, *même jeu.*
Comment! Je n'ai pas travaillé! Je n'ai pas cessé de parler et de discuter avec les plus importants délégués du Comité!

MADAME Z..., *secouant son index avec un reproche gentil.*
Ah! le peussieu encore fait kili-kili avé Mizelle TacTac! La dadame permet kili-kili, mais pas coucouche!

LE PROFESSEUR, *même jeu.*
Je parie que mon époux a encore flirté avec sa secrétaire. «Mizelle Tac-Tac», c'est mot à mot: «La demoiselle-à-la-machine-à-écrire.» Le reste... hem... se comprend de soi-même.

Pendant la réplique du Professeur, la Bonne est entrée à l'improviste, une pile d'assiettes sur les bras.

MONSIEUR Z..., *recouvrant tout à coup l'usage du parler normal. D'un air sévère et offensé.*
Mais non, voyons! Que veux-tu dire? C'est une ridicule plaisanterie. Je n'ai aucune familiarité avec mon personnel, tu le sais bien!

MADAME Z..., *de même.*
Bon, bon! mon ami! Admettons que je n'aie rien dit!

Rideau.

LE PROFESSEUR, *toujours devant le rideau.*
Ainsi, mesdames et messieurs, se termine notre promenade à travers les curiosités sociales du langage contemporain. Elle n'était guère rassurante, cette promenade! Nous avons vu partout l'*à-peu-près* se substituer au mot propre, le *geste* remplir les vides béants du vocabulaire et le *galimatias enfantin* envahir le langage des adultes!... *(Changeant brusquement de ton.)* Et maintenant, *au dodo*!

Le Professeur disparaît derrière le rideau.

De quoi s'agit-il?
ou
La méprise

Personnages

LE JUGE, *il est aussi médecin, maire, confesseur, etc.*

LES TÉMOINS
- **MONSIEUR POUTRE,** *méticuleux et craintif.*
- **MADAME POUTRE,** *épouse du précédent. Un peu paysanne.*

LE GREFFIER, *personnage muet, « tapant » sur un clavier de machine à écrire également muet.*

Une salle de greffe ou de commissariat quelconque. Tables et chaises ordinaires. On introduit les témoins qui restent debout un moment. Le juge compulse ses dossiers longuement. Scène muette ad libitum : il peut s'embrouiller, perdre ses papiers, les témoins et le greffier se précipitent ; il leur arrache sauvagement les documents, etc.

LE JUGE
Asseyez-vous !

Les témoins s'assoient. Le greffier se tient prêt à « taper ».

LE JUGE
Voyons. Madame heu… Madame… ?

TÉMOIN FEMME, *se levant à moitié, puis se rasseyant.*
Poutre. Madame Poutre.

LE JUGE
C'est cela. Madame Poutre… Madame Poutre, c'est vous que je vais interroger la première.

MADAME POUTRE
Eh ben, tant mieux!

LE JUGE, *surpris.*
Pourquoi tant mieux?

MADAME POUTRE
Pas'que mon mari, y sait jamais rin.

LE JUGE
On verra, on verra… Madame Poutre, voyons *(Il lit les états civils.)* Ah : Madame Poutre, Adélaïde,… née Soliveau, née le… *(murmure indistinct)* le dix-neuf… de l'année dix-neuf cent… à… mariée à Jean-Joseph Poutre son époux dont elle est l'épouse… *(Successivement et très rapidement, à l'énoncé de leurs noms, Monsieur et Madame Poutre se sont levés, puis rassis mécaniquement.)* Bon! Madame Poutre, pouvez-vous vous rappeler aussi exactement que possible quand vous avez fait sa connaissance, quand vous l'avez vu pour la première fois?

MADAME POUTRE
Qui, mon mari?

LE JUGE
Mais non, voyons, celui qui, enfin vous me comprenez… celui dont il s'agit, celui qui a motivé votre présence ici.

Monsieur Poutre, *à sa femme.*

Oui tu sais bien, nous sommes là pour ça, pour témoigner, pour témoigner en sa faveur.

Le Juge, *gravement.*

Ou contre lui! C'est selon! Nous verrons, nous verrons!

Monsieur Poutre

Oui, c'est cela : pour témoigner contre lui, en sa faveur.

Madame Poutre, *après un coup d'œil courroucé à son mari.*

Ah, je sais, je sais! Tu n'as pas besoin de me le dire. Je ne suis pas plus bête qu'une autre, va! Je sais ce que parler veut dire!

Le Juge, *geste évasif.*

Alors! Je répète ma question : quand l'avez-vous vu pour la première fois?

Madame Poutre, *réfléchissant.*

Quand je l'ai vu... pour la première fois? Eh! ben, c'était il y a dix ans environ.

Le greffier commence à taper silencieusement.

Le Juge

Nous notons, nous notons. Bon. L'avez-vous revu souvent depuis?

MADAME POUTRE

Bien sûr! Même qu'il a fini par s'installer tout à fait!
Notez qu'on ne le voyait jamais que pendant le jour.
Le soir, plus personne!

LE JUGE

Étiez-vous chargée de le nourrir?

MADAME POUTRE, *l'air étonné.*

Qui ça?

MONSIEUR POUTRE, *à sa femme.*

On te demande, Monsieur le Proviseur te demande
s'il était nourri, s'il était nourri par toi, par nous?...
Enfin, ne fais pas la butée!... Puisqu'on l'avait
recueilli, tu sais bien qu'on était tenus de le nourrir!

MADAME POUTRE, *au juge.*

Ah, Docteur, pardon : Colonel : c'était bien plutôt lui
qui nous nourrissait, qui nous réchauffait en tout
cas!

LE JUGE, *sursautant.*

Qui vous réchauffait? Comment cela?

MADAME POUTRE

Ben, pardi! C'est-y pas toujours comme ça? S'il était
pas là, nous autres, on crèverait de froid, pas vrai?

Monsieur Poutre
Ça, c'est vrai. Moi, quand je le vois, je suis tout ragaillardi!

Le Juge, *haussant les épaules.*
Il y a dix ans. Bon. Nous notons. Dix ans : ce n'est pas d'hier! Et pouviez-vous vous douter de quelque chose, dès ce moment?

Madame Poutre, *péremptoire.*
Je ne m'doutais de rin du tout!

Le Juge
Comment cela s'est-il passé? La première fois?

Madame Poutre
Eh ben, voilà. J'étais dans la cuisine, à ramasser des pommes de pin pour la soupe. On était en décembre. Alors il faisait une chaleur lourde, comme quand c'est qu'on chauffe beaucoup pour lutter contre le froid. Mon mari, ici présent, était absent, comme toujours, c'est pourquoi qu'il peut en témoigner devant vous. Et tout par un coup, voilà qu'il est entré!

Le Juge
Par où?

MADAME POUTRE
Par la fenêtre. Il est entré comme ça, brusquement. Il a fait le tour de la pièce. Il s'est posé tantôt sur une casserole de cuivre, tantôt sur une carafe et puis il est reparti comme il était venu !

LE JUGE
Sans rien dire ?

MADAME POUTRE
Sans rien dire.

LE JUGE, *sévèrement.*
Comment ? Comment ? Je ne comprends plus : vous venez ici pour déposer une plainte…

MADAME POUTRE, *docile mais l'interrompant.*
Une plainte en sa faveur, oui Docteur !

LE JUGE, *avec vivacité.*
Ne m'interrompez pas ! Ne m'appelez pas : Docteur ni Monsieur le Proviseur ; appelez-moi « Mon Père » ! Donc vous déposez contre lui et vous allez prétendre que sa vue vous ragaillardit, vous réchauffe, ou je ne sais quoi d'aussi absurde !

MONSIEUR POUTRE
Ça n'est pas absurde, Docteur, pardon : mon Père !

Ça n'est pas absurde, mon Père-Docteur! On pourrait pas vivre sans lui. Surtout à la campagne. Nous autres cultivateurs! Nous autres légumes, fruits, primeurs, laitages, comment qu'on ferait sans lui, sans qu'y vienne tous les jours nous réchauffer le cœur?

LE JUGE, *agacé, frappant de sa main sur la table.*
Enfin, de qui parlons-nous?

MADAME POUTRE
Mais de… de… *(Elle désigne le ciel.)*

LE JUGE, *ironique, imitant son geste.*
Que voulez-vous dire?

MADAME POUTRE
Ben quoi, le soleil, pardi!

LE JUGE
Ah là là! Voici le malentendu! Nous ne parlions pas de la même personne, de la même chose. Moi, je vous parlais de votre agresseur, de votre voleur, de votre cambrioleur et vous, vous… vous parliez de quoi? Du soleil! *(Levant les bras au ciel.)* C'est invraisemblable! C'est inimaginable, i-ni-ma-gi-nable! Mais comment avez-vous pu vous y prendre pour faire fausse route de la sorte?

Monsieur Poutre

C'est pas nous qu'on a fait fausse route, Monsieur le Professeur-Docteur, c'est bien vous, vous-même ! Nous autres, on savait de quoi on parlait !

Le Juge, *furieux.*

Et moi, vous croyez que je ne sais pas de quoi je parle, non ? Ah ! Faites attention ! Vous ne savez pas à qui vous avez affaire ! Je vais vous faire filer doux, moi, ma petite dame, et vous mon petit monsieur ! C'est insensé ! On se moque de moi ! *(Il s'apaise peu à peu, redresse sa cravate, s'époussette. Au greffier qui s'était arrêté de taper et qui regarde la scène d'un air hébété.)* Greffier, veuillez recommencer à noter... Et ne tapez pas si fort ! Vous nous cassez les oreilles ! *(À Monsieur Poutre.)* À nous deux, maintenant. À votre tour, vous allez déposer.

Monsieur Poutre, *abruti.*

Déposer quoi ?

Le Juge

Déposer veut dire témoigner. Vous allez témoigner. Racontez-moi comment les choses se sont passées, le jour de l'événement !

Monsieur Poutre

Eh bien, voilà : comme ma femme vient de vous le dire, je n'étais pas là, j'étais absent.

Le greffier recommence à taper avec précaution, du bout des doigts.

LE JUGE
Alors, comment pouvez-vous témoigner ? En voilà encore une nouveauté !

MADAME POUTRE, *intervenant.*
C'est que, Monsieur le Curé, moi je me rappelle plus rien du tout, mais comme je lui avais tout raconté et que lui, il a une mémoire d'éléphant, alors…

LE JUGE, *haussant les épaules.*
Drôle de témoignage ! Enfin, si nous ne pouvons pas faire autrement ! Allons, *(résigné :)* racontez !

MONSIEUR POUTRE
Alors voilà. J'étais allé à la pêche dans la rivière, dans la petite rivière, le petit bras de la petite rivière, autrement dit, celui où il y a des nénuphars, pas l'autre, où il y a du courant, alors je n'attrape jamais rien tandis que les écrevisses elles me connaissent, elles vont lentement, moi aussi, alors on finit toujours par se rencontrer, sauf votre respect, Monsieur le Commissaire, autour d'un morceau de mouton pourri, du bien frais que le Docteur, pardon le boucher, me prépare exprès pour mes balances le dimanche…

Le Juge, *sec.*
Abrégez, je vous prie !

Monsieur Poutre
Alors, juste pendant que j'étais pas là, ni ma femme non plus d'ailleurs…

Le Juge, *l'interrompant.*
Pardon ! Vous venez de m'affirmer l'un et l'autre que si vous n'étiez pas là, par contre votre femme y était !

Monsieur Poutre
C'est-à-dire qu'elle était dans la maison, mais elle était pas là, à l'endroit même où ça s'est passé, vous comprenez !

Le Juge
Mais finalement, *où* ça s'est passé ?

Monsieur Poutre
Ça s'est passé au jardin.

Le Juge
Bon. Alors, de la maison, elle pouvait, je suppose, voir ce qui se passait au jardin ?

Madame Poutre
Ça, point du tout, Monsieur mon Père ! Non, ça, je peux

vous le dire : de d'là où j'étais dans la maison, c'est-à-dire de la cuisine, je pouvais rien voir au jardin!

LE JUGE
Et pourquoi donc?

MADAME POUTRE
Pass'que la cuisine, c'est une pièce qui tourne le dos au jardin.

LE JUGE
Alors, comment avez-vous pu raconter quoi que ce soit au… à votre… au témoin, enfin?

MADAME POUTRE
C'est que, voyez-vous, je lui ai raconté les effets.

LE JUGE
Quels effets?

MADAME POUTRE
Ben, les effets de ce qui s'est passé.

LE JUGE
Alors, racontez!

MADAME POUTRE
Ah mais non! C'est pas à moi à raconter!

Le Juge
Pourquoi, je vous prie ?

Madame Poutre
C'est pas à moi à raconter, puisque je vous dis que j'ai rien vu.

Le Juge
Alors, comment faire, puisque lui, de son côté, votre mari, n'était pas là ?

Madame Poutre
Ça fait rien. Lui y raconte mieux que moi, il a plus de mémoire, ou d'imagination, je ne sais pas, moi !

Le Juge, *avec un agacement grandissant et une insistance sarcastique.*
Alors, Monsieur Poutre, veuillez me raconter à moi qui n'étais pas là, l'événement qui s'est produit en votre absence et qui vous a été rapporté par votre femme, bien qu'elle n'y ait pas assisté !…

Monsieur Poutre
Je vous disais donc que j'étais à la pêche. Quand je suis rentré, j'ai entendu un grand cri, c'était ma femme…

Le Juge
Elle avait été blessée ?

Monsieur Poutre

Mais non ! Elle était furieuse parce qu'il avait tout saccagé dans la maison.

Le Juge, *intéressé, pensant en sortir.*

Enfin, nous y voilà ! Il avait tout saccagé. *(Au greffier :)* Notez bien, greffier !

Monsieur Poutre

Tout, Monsieur le Juge, Monsieur le Professeur ! Tout, tout, tout ! Les plates-bandes étaient piétinées, la toile des transats était déchirée, les oignons étaient coupés, les outils étaient par terre. Il avait dû être furieux !

Le Juge

Une crise de nerfs ? Delirium tremens, peut-être ? Venait-il souvent chez vous ?

Monsieur Poutre

Oui, souvent. Ma femme vous l'a dit.

Le Juge

Pardon ! Il y avait eu confusion : je parlais de lui et elle me parlait du soleil, rappelez-vous !

Madame Poutre

Mais c'était vrai aussi de lui !

Le Juge

Voyons! Voyons! Réfléchissez! Il y a une nouvelle confusion. Vous m'avez dit tout à l'heure que c'était plutôt lui qui vous nourrissait. Maintenant vous me parlez de ses colères, de ses déprédations. Dans un cas vous parlez du soleil, dans un cas d'autre chose… *(Un silence.)* … Alors, parlez! *(Nouveau silence.)*… Mais parlerez-vous, à la fin!

Monsieur et Madame Poutre se taisent et se consultent du regard, d'un air embarrassé.

Madame Poutre, *hésitante.*

Comment vous dire…

Le Juge

N'hésitez pas! Ne craignez rien! Vous êtes ici pour dire toute la vérité, rien que la vérité, je le jure… D'ailleurs, dans tout ceci, vous n'êtes que des témoins.

Madame Poutre

Témoins, oui, d'accord, mais aussi victimes, Monsieur mon fils!

Le Juge, *énervé, ses idées commencent à s'embrouiller.*

Appelez-moi : mon Père, ma Sœur!

Madame Poutre, *docile et respectueuse.*
Oui, mon Père-ma-Sœur!

Le Juge, *haussant les épaules.*
Abrégeons! De qui, de quoi s'agit-il? De l'agresseur ou du soleil?

Madame Poutre, *tout d'une traite et confusément.*
Ben! Des deux, Monsieur le Docteur-Juge! C'était tantôt le soleil, bien sûr, et tantôt l'orage. Pass'que l'orage, voyez-vous, quand il est là, il cache le soleil. Alors on le regrette, on est dans l'ombre et il saccage tout. Je veux dire l'orage, avec sa saleté de bruit de tonnerre pour le malheur des oreilles et les éclairs pour aveugler et sa pluie pour gonfler les torrents et inonder les pâtures! Le soleil, lui, il réjouit le cœur et quand on le voit, on lui dit «Bonjour, bonjour, entrez, Monsieur!» Alors il rentre par la fenêtre tant que dure le jour et quand l'orage ne le cache pas et quand il fait sec. Et quand il pleut, tout par un coup, voilà l'orage. Et c'est comme ça qu'on est : tantôt pour, tantôt contre. Et voilà pourquoi on dépose une plainte contre inconnu et en même temps en sa faveur *(un peu essoufflée)*... Voilà, j'ai tout dit.

Un nouveau silence pendant lequel le juge, enfoncé dans son fauteuil, regarde alternativement d'un regard égaré les deux témoins sans rien dire. Puis :

Le Juge

S'il en est ainsi, Monsieur et Madame Poutre, je ne peux rien pour vous. Rien, absolument rien... *(Se tournant vers le greffier :)* Greffier, concluez au « non-lieu ». Selon la formule, vous savez... *(Il dicte rapidement.)* ... Tout bien considéré en mon âme et conscience, *mutatis mutandis*, nous ici présent, en pleine possession de nos moyens d'existence, en présence des parties plaignantes et en l'absence des inculpés, décidons que rien de ce qui est advenu ne comporte de conséquence, sauf imprévu en tout bien tout honneur et aux dépens des prévenus, au tarif prescrit par la loi, et cætera, et cætera... *(Il se lève, sacerdotal. Les témoins et le greffier se lèvent aussi.)* Silence ! Respect à la loi ! La séance est levée. *(Aux témoins :)* Allez en paix et que nul autre que l'orage ou le soleil ne trouble désormais votre conscience !

Il les congédie d'un geste plein d'onction qui rappelle vaguement la bénédiction ecclésiastique. Les témoins sortent lentement et respectueusement. Le rideau tombe.

FIN

Le meuble

Avant le lever du rideau, on entend une musique essoufflée d'orgue de Barbarie, une polka qui voudrait être gaie mais qui, en fait, est déchirante de tristesse, avec des notes qui manquent et des halètements de mécanique usée.

Le rideau s'ouvre.

La scène, dont on doit réduire les dimensions au minimum, par exemple en fermant plus qu'à demi le rideau, représente une salle quelconque, absolument nue.

Au lever du rideau, l'Inventeur – un homme sans particularité apparente – est assis sur une chaise et lit distraitement un journal, en tournant ou faisant semblant de tourner la manivelle qui, dans la coulisse, côté jardin, actionne l'orgue de Barbarie. De temps en temps, il bâille, se gratte la tête ou consulte sa montre. Il semble attendre quelque chose ou quelqu'un.

On sonne. L'Inventeur se lève, pose son journal sur la chaise, va précipitamment vers la coulisse, côté jardin. Il fait mine d'arrêter la manivelle : la musique s'arrête. Puis il se dirige côté cour. Il disparaît quelques instants dans la coulisse pour reparaître seul, mais en parlant à l'Acheteur qui restera invisible pendant toute la scène et sera supposé assis dans la coulisse, côté cour.

Nota. – On peut aussi concevoir que l'Acheteur vienne en scène, mais il n'en sera pas moins muet. Il restera, par exemple, assis côté cour, comme s'il regardait le Meuble, côté jardin. Dans ce cas, il ne fera jusqu'au moment où il s'écroule, tué par le coup de revolver – que commenter par sa mimique le boniment de l'Inventeur.

L'INVENTEUR, *à la cantonade.*
Ah! bonjour, monsieur! Vous venez pour le Meuble, pour visiter le Meuble?... Donnez-vous donc la peine d'entrer, c'est ici au fond, juste devant vous!

Lorsqu'il est revenu au milieu de la scène, il désigne avec satisfaction le Meuble qui est supposé se trouver derrière la coulisse, mais que l'on ne voit pas.

Et voici le phénomène! N'est-ce pas qu'il est beau?... Oui, je lis sur votre visage qu'il produit une forte impression sur vous... D'ailleurs, c'est toujours ainsi. C'est toujours ainsi que les acheteurs réagissent lorsqu'ils se trouvent brusquement en présence du Meuble. L'émotion leur coupe la parole – comme à vous-même en ce moment. Mais remettez-vous, je vous en prie!...
Ah, monsieur, quelle fierté! Quelle fierté pour moi qui en suis l'inventeur! Oui, quelle fierté de voir que ce meuble sorti de mon cerveau et de mes mains, provoque à ce point l'enthousiasme!... Merci, mon-

sieur, merci à vous aussi pour toutes les marques d'admiration que vous me donnez!

Vous allez me demander comment je l'ai conçu? Oh, monsieur, rien de plus simple! Je n'ai pas la prétention d'en avoir découvert le principe. Non, non! Ce genre de meubles existe depuis fort longtemps, je n'hésite pas à le dire. Au XVIIIe siècle, on les appelait des «va-voir-si-j'y-suis». J'en ai vu de fort beaux, de cette époque-là : avec des pieds tournés en dedans, capsules de rechange, ambiance «Chez-soi» et cris de détresse en mer, le tout recouvert d'un damier, ébène et porphyre, muni de pédales en maroquin verni et agrémenté d'intervalles de séparation...

Mon mérite à moi, – si mérite il y a! – c'est d'avoir retrouvé ces vieux modèles, déjà si perfectionnés, et de les avoir mis au goût du jour. Tenez, en haut, tout en haut, vous voyez cette petite galerie de plâtre doré?... Ça n'a l'air de rien?... Eh bien, c'est pourtant là tout le secret de ce genre de meubles : si la galerie n'est pas en place, tout le Meuble se disloque et l'appareil ne fonctionne plus. Car la galerie, n'est-ce pas, c'est ce qui termine. Par suite, tout ce qui est dessous en dépend! C'est comme dans un immeuble : le cinquième dépend du sixième, le quatrième du cinquième et ainsi de suite, jusqu'au rez-de-chaussée. C'est clair.

... Oui, je l'ai commencé il y a juste vingt-cinq ans! Que de veilles, que de soucis il m'a coûtés! J'y ai mis

toute ma science et aussi toute ma jeunesse. Aussi le Meuble est-il entièrement plein, bondé à craquer du haut en bas… Notez que je le vends *avec tout ce qu'il y a dedans*! C'est pourquoi j'en veux un bon prix. Ah, mais oui! C'est que ce n'est pas un meuble vide, ça, monsieur, un meuble sans âme, comme il y en a tant, un meuble qui n'aurait rien dans le ventre! Je vous le dis, c'est plein à craquer!
D'abord, il faut bien, n'est-ce pas! *Puisque c'est un meuble qui fournit tout ce qu'on lui demande!*… Si vous voulez bien consulter la notice!… *(Il sort un papier de sa poche et le tend à l'Acheteur.)*… Tenez: vous verrez tous les usages qu'on peut en faire, c'est presque infini… lisez attentivement!… Hein, n'est-ce pas que c'est ahurissant?… Voyons, qu'est-ce que vous allez lui demander, à mon Meuble?… Une douzaine d'huîtres, un morceau de musique, la solution d'un problème d'algèbre, une vue stéréoscopique, un jet de parfum, un conseil juridique, que sais-je, moi!… Plaît-il?… Un plumeau?… Bon, va pour le plumeau!… Vous êtes modeste!… Attendez… *(Il va vers le Meuble.)* Voici… j'appuie sur les boutons: P… L… U… M… O… (oui, nous avons simplifié l'orthographe)… j'arme, je tire sur la poignée «Arts Ménagers»…, et voici!

En effet, après un fracas retentissant de poulies, de ressorts et de déclenchements divers, on voit sortir brusquement de la coulisse un bras humain, mais très raide, gainé de noir et ganté de blanc, qui tend un plumeau. L'Inventeur prend le plumeau et le gardera à la main ou sous le bras jusqu'à la fin. Le bras rentre, d'un geste saccadé, dans la coulisse.

… Vous êtes épaté, hein ? et pourtant, vous n'avez encore rien vu. Il est parlant aussi, l'animal ! Cent pour cent parlant !… Que voulez-vous qu'il dise, hein ?… Comment ?… Ah bon, parfait ! Vous allez être satisfait à l'instant… j'appuie sur les boutons : M… U… S… S… E… T… et… écoutez bien !…

On entend de nouveau des bruits de déclenchement, comme dans un appareil à sous, puis :

Voix du Meuble, *psalmodiant, d'une voix nasillarde et niaise.*
L'homme est un apprenti, la douleur est son maître
Et nul ne se connaît tant qu'il n'a pas souffert.

L'Inventeur
Que pensez-vous de cette merveille ? Hein, quelle voix !… Et remarquez que vous pouvez l'entendre *autant de fois que vous voudrez* : ce sera toujours *exactement* la même voix, *exactement* les *mêmes* paroles, les *mêmes* intonations ! Ah, oui, monsieur, vous avez raison : c'est une bien grande sécurité pour ceux qui aiment les belles choses ! Tenez, pour vous prouver que je dis vrai, nous allons, si vous le

voulez bien, réentendre les mêmes vers, dits par la même voix :

Il manœuvre des boutons et manettes imaginaires. Bruits divers. Mais on entend, au lieu des vers de Musset :

La Voix du Meuble, *chantant de la même voix nasillarde et niaise.*
J'ai du bon tabac dans ma tabatière.
J'ai du bon tabac, tu n'en auras pas.

L'Inventeur, *surpris.*
Tiens qu'est-ce qui se passe ? Une erreur ?... *(Il va inspecter le Meuble.)*... Oui, une simple erreur d'aiguillage, mais qui n'est imputable qu'à moi seul : non à mon Meuble ! Il est infaillible, lui ; c'est nous, pauvres humains, qui sommes exposés à l'erreur !...
Tenez... vous allez comprendre : vous voyez le quatrième tiroir, là, en partant du bas et à gauche ?... Non, pas ici, là, juste au-dessus du petit amour en bronze surmonté du chapeau de Napoléon !... Là, oui, vous y êtes... Eh bien, sur ce quatrième tiroir, vous voyez la double rangée de boutons ?... les boutons rouges en haut, les boutons verts en bas ? Bon !... Eh bien, si vous tirez le troisième bouton vert et le septième bouton rouge au lieu de pratiquer l'opération inverse, il se produit un petit décalage que nous appelons, dans notre métier, le « Ni-vu-ni-

connu». Comme son nom l'indique, c'est un incident sans gravité apparente, mais en réalité dangereux, parce qu'on ne s'en aperçoit pas. On le corrige par le procédé dit : «Va-comme-je-te-pousse»... Nous connaissons le mal? Donc, nous tenons le remède! Recommençons! Nous disons : quatrième tiroir, septième bouton vert, quatrième rouge... Ça y est!

Manœuvres, bruits, et la voix :

LA VOIX DU MEUBLE, *toujours nasillarde, mais, cette fois, pressée et bafouillante.*
L'homme est un à douleur l'apprenti est son maître
Et nul ne se souffert, tant qu'il n'a pas connaît.
L'homme est un à connaît tant qu'il n'a pas son maître
Et nul ne s'apprenti, souffert tant qu'il pas n'a.
A n'a pas souffert maître, à tant qu'il apprenti
Et douleur homme est un, le connaît nul ne son.

L'INVENTEUR
Oh! Oh! Que se passe-t-il? Mais c'est incroyable! C'est inadmissible! Assez! Assez! Veux-tu t'arrêter, vaurien!

L'Inventeur se précipite, secoue l'appareil, lui donne coups de pieds et coups de poings. La voix s'arrête.

Monsieur, je vous en prie, veuillez excuser mon Meuble. Il a trop travaillé ces temps-ci. Je lui ai appris tellement de choses, je lui ai fait tant de lectures, qu'il en est saturé. Ceci, d'ailleurs, n'était qu'un simple incident, un tout petit incident mécanique. Il doit y avoir un piétinement dans les conduits, à moins que ce ne soient les charançons qui aient attaqué le bois de lit du pivot central! Une nuit de repos, et il n'y paraîtra plus.

... Mais je ne veux pas vous laisser sur cette fâcheuse impression. Je vais demander à mon Meuble de vous faire un cadeau, pour se faire pardonner... Voyons! Nous allons composer quelque chose de très bien, quelque chose qui sera pour vous un souvenir, même si vous n'acceptez pas l'appareil. Ah, voici! J'ai trouvé!

Il manœuvre un instant l'appareil.

Et maintenant, monsieur, fermez les yeux et ne les ouvrez que lorsque je vous le dirai : ce sera une surprise... Un... deux... trois... ça y est! *(Le bras sort brusquement un revolver et tire. Détonation. Dans la coulisse, un grand cri et le bruit de la chute d'un corps. Si l'Acheteur est sur la scène, il s'écroule, touché à mort. L'Inventeur paraît d'abord atterré, puis, haussant les épaules d'un air résigné :)* Musique!...

Il reprend la manivelle et, aussitôt, on entend la même musique d'orgue de Barbarie qu'au début.

RIDEAU

Le guichet

Personnages

LE PRÉPOSÉ, *très digne, très rogue, implacable.*
LE CLIENT, *petit monsieur timide aux gestes et aux vêtements étriqués.*
LA RADIO
LA VOIX DU HAUT-PARLEUR

Bruits divers au-dehors : départ de train, sifflements de locomotive, autos, klaxons, coups de freins, et un cri de douleur.

Le bureau des « renseignements » d'une administration. Une salle quelconque partagée en deux par une grille et un guichet : à droite, derrière le guichet, se trouve le « Préposé » assis à une table face au public. La table est surchargée de registres, de livres et d'objets divers. Dans un coin un poêle avec un tuyau biscornu. Au mur sont pendus le chapeau et le manteau du Préposé. Son parapluie, ouvert, sèche devant le poêle.

Côté « public », une porte au fond. À gauche de la porte, l'indication « Entrée ». À droite, l'indication « Sortie ». Un banc fait le tour de la salle.

Au mur, du côté du public, une grande pancarte sur laquelle on lit : « Soyez brefs ! » Du côté du Préposé, une pancarte analogue portant ces mots : « Soyons patients ! »

Au lever du rideau, Le Préposé est plongé dans la lecture d'un livre. Il lit silencieusement en se grattant la tête de temps en temps avec un coupe-papier.

La porte s'entrebâille : apparaît la tête du Client, visage falot et inquiet, coiffé d'un chapeau déteint. Puis le Client s'enhardit et entre. Il est effroyablement timide et craintif. Il fait quelques pas sur la pointe des pieds regarde autour de lui : en se retournant, il aperçoit les indications dont la porte est flanquée de part et d'autre : « Entrée » et « Sortie ». Il paraît hésiter un instant, puis sort comme il est entré : mais, aussitôt après, on l'entend frapper à la porte. Le Préposé, qui n'a, jusqu'à présent, prêté aucune attention au manège du Client, lève brusquement la tête, ferme bruyamment son livre et…

LE PRÉPOSÉ, *criant d'un ton rogue.*
Entrez!

Le Client n'entre pas.

LE PRÉPOSÉ, *encore plus fort.*
Entrez!

Le Client entre, plus terrifié que jamais.

LE CLIENT, *se dirigeant vers le guichet.*
Pardon, monsieur… c'est bien ici… le bureau des renseignements?

LE PRÉPOSÉ, *ouvrant bruyamment le guichet.*
Ouin.

LE CLIENT
Ah! bon! Très bien. Très bien… Précisément, je venais…

LE PRÉPOSÉ, *l'interrompant brutalement.*
C'est pour des renseignements ?

LE CLIENT, *ravi.*
Oui ! oui ! Précisément, précisément. Je venais...

LE PRÉPOSÉ, *même jeu.*
Alors, attendez !

LE CLIENT
Pardon, attendre quoi ?

LE PRÉPOSÉ
Attendez votre tour, attendez qu'on vous appelle !

LE CLIENT
Mais... je suis seul !

LE PRÉPOSÉ, *insolent et féroce.*
C'est faux ! *Nous sommes deux* ! Tenez ! *(Il lui donne un jeton.)* Voici votre numéro d'appel !

LE CLIENT, *lisant le numéro sur le jeton.*
Numéro 3640 ? *(Après un coup d'œil à la salle vide.)* Mais... je suis seul !

LE PRÉPOSÉ, *furieux.*
Vous vous figurez que vous êtes le seul client de la

journée, non?... Allez vous asseoir et attendez que je vous appelle.

Il referme bruyamment le guichet, se lève et va ouvrir la Radio. Une chanson idiote (d'un chanteur de charme par exemple) envahit la scène. Le Client résigné va s'asseoir.
Le Préposé inspecte son parapluie; le jugeant sec à présent, il le referme et va le pendre au portemanteau. Puis il se taille un crayon, sifflote ou chantonne l'air qu'il est en train d'entendre, enfin revient auprès de la Radio et, en tournant le bouton, remplace la chanson par le bulletin météorologique.

LA RADIO
Le temps restera nuageux sur l'ensemble du territoire, avec baisse de la température amenant un sensible rafraîchissement... *(À ces mots Le Préposé remet du charbon dans le poêle et le Client remonte le col de son manteau.)*... Quelques ondées intermittentes dans les régions pluvieuses, des tempêtes de neige sur les hautes montagnes, le beau temps persistera dans les secteurs ensoleillés. Vous venez d'entendre le bulletin météorologique.

Le Préposé arrête la Radio, se frotte les mains longuement, va s'asseoir à sa table, ouvre le guichet et...

LE PRÉPOSÉ, *appelant.*
Numéro 3640! *(Le client, plongé dans une rêverie, n'entend pas. Le Préposé, appelant plus fort.)* J'ai dit : numéro 3640!

Le Client, *sortant brusquement de sa rêverie et regardant précipitamment son jeton.*
Voilà ! Voilà !

Il se lève et s'approche du guichet.

Le Préposé
Votre jeton !

Le Client
Oh ! pardon ! Excusez-moi ! Voici.

Il rend le jeton.

Le Préposé
Merci !

Le Client
Monsieur, je venais précisément vous demander si…

Le Préposé, *l'interrompant.*
Votre nom ?

Le Client
Mon nom ? Mais je…

Le Préposé
Il n'y a pas de «je». Quel est votre nom ?

Le Client
Voici... Voici ma carte d'identité...

Il cherche dans sa poche et en retire un portefeuille... Mais Le Préposé l'arrête.

Le Préposé
Je n'ai pas besoin de votre carte d'identité ; je vous demande votre nom.

Le Client fait entendre un murmure indistinct.

Le Préposé
Comment écrivez-vous cela ? Épelez, je vous prie !

Le Client
M... U... Z... S... P... N... Z... J... A tréma... K... deux E... S... G... U... R... W... P... O... N... T... comme Dupont.

Le Préposé
Date et lieu de naissance ?

Le Client, *dans un souffle.*
Je suis né vers la fin du siècle dernier, dans l'Ouest...

Le Préposé
Des précisions ! Vous vous payez ma tête, non ?

LE CLIENT
Pas du tout, pas du tout, monsieur. Plus exactement je suis né à Rennes, en 1897.

LE PRÉPOSÉ
Bon ; profession ?

LE CLIENT
Civil.

LE PRÉPOSÉ
Numéro matricule ?

LE CLIENT
Catégorie A-N° J 9896. B4. CRTS. 740. U4. B5. AM. 3 millions 672 mille 863.

LE PRÉPOSÉ
Vous êtes marié ? Vous avez des enfants ?

LE CLIENT
Pardon, monsieur... Puis-je me permettre... de m'étonner un peu ? J'étais venu ici... pour demander des renseignements... et voilà que c'est vous qui m'en demandez !... Je...

LE PRÉPOSÉ
Vous me poserez des questions quand *votre* tour

viendra… Je vous demande si vous êtes marié, si vous avez des enfants ! Oui ou non ?

Le Client
Euh… oui… non… c'est-à-dire…

Le Préposé
Comment : c'est-à-dire ?

Le Client
Enfin ! Ah ! c'est si contrariant ! Moi qui étais pressé…

Le Préposé
Alors, si vous êtes si pressé que cela, vous avez intérêt à répondre vite, et sans hésiter.

Le Client
Eh bien oui, là, j'ai été marié et j'ai des enfants… deux enfants.

Le Préposé
Quel âge ?

Le Client, *agacé, presque prêt à pleurer.*
Oh ! je ne sais plus, moi… Mettez : dix ans pour la fille et huit ans pour mon garçon.

LE PRÉPOSÉ
Vous-même, quel âge avez-vous ?

LE CLIENT
Mais je vous ai donné ma date de naissance tout à l'heure !

LE PRÉPOSÉ
La date de naissance et l'âge, ce n'est pas la même chose. Les deux indications ne figurent pas au même endroit sur la fiche du Client.

LE CLIENT
Ah... parce que vous faites une fiche pour tous ceux qui viennent ici... vous demander des renseignements ?...

LE PRÉPOSÉ
Bien sûr ! comment nous y reconnaître sans cela ?... Je vous ai demandé votre âge !... Allons...

LE CLIENT
Alors, attendez. *(Il fait un calcul mental.)* 1952 moins 1897... 7 ôté de 12, reste 5, 89 ôté de 95 reste 16..., cela fait, voyons, 5 et 16 = 21 ans, non, 16 et 5, 165 ans !... Non. ce n'est pas possible... voyons, je recommence...

LE PRÉPOSÉ, *haussant les épaules.*
Inutile ! J'ai fait le calcul : vous avez cinquante-cinq ans exactement.

LE CLIENT
Oui, c'est cela, c'est cela ! Merci, monsieur !

LE PRÉPOSÉ
Que ne le disiez-vous plus tôt ! C'est fou le temps que l'on peut perdre avec des clients inexpérimentés !... Maintenant, tirez la langue !

LE CLIENT, *tirant la langue.*
Voilà !...

LE PRÉPOSÉ
Bon. Rien à signaler. Montrez-moi vos mains !

LE CLIENT, *montrant ses mains.*
Voilà !...

LE PRÉPOSÉ, *regardant attentivement.*
Hum ! La ligne de Mort coupe la ligne de Vie. C'est mauvais signe... mais... vous avez la ligne d'existence ! Heureusement pour vous !... C'est bon. Vous pouvez aller vous asseoir.

LE CLIENT

Comment ? Je ne peux pas encore vous demander de renseignements ?

LE PRÉPOSÉ

Pas tout de suite. Attendez qu'on vous y invite.

Il referme bruyamment le guichet.

LE CLIENT, *désespéré et larmoyant.*

Mais, monsieur, je suis pressé ! Monsieur !... Ma femme et mes enfants m'attendent, monsieur... Je venais... vous demander des renseignements urgents, monsieur !... *(À ce moment on entend le sifflement d'un train au départ.)* Vous voyez que nous sommes dans une gare, monsieur, ou que la gare n'est pas loin ! Je venais précisément vous demander conseil pour un train à prendre, monsieur !

LE PRÉPOSÉ, *radouci, ouvrant le guichet.*

C'était pour les heures des trains ?

LE CLIENT

Enfin oui, entre autres oui, d'abord pour les heures des trains, monsieur... c'est pourquoi j'étais si pressé !

LE PRÉPOSÉ, *très calme.*

Que ne le disiez-vous plus tôt ! Je vous écoute.

Le Client
Eh bien, voici : je voulais, enfin je désirais prendre le train pour Aix-en-Provence, afin d'y rejoindre un vieux parent qui...

Le Préposé, *l'interrompant.*
Les trains pour Aix-en-Provence partent à 6 h 50, 9 h 30 (première et seconde seulement), 13 heures (billet de famille nombreuse), 14 heures (célibataires), 18 heures et 21 heures (toutes classes, tout âge, tout sexe).

Le Client, *suivant son idée.*
Merci, merci beaucoup !... Oui, je voulais rejoindre à Aix-en-Provence un vieil oncle à moi, qui est notaire et dont la santé, voyez-vous, décline de jour en jour, mais...

Le Préposé
Au fait, je vous en prie !

Le Client
Bien sûr, excusez-moi. C'était pour arriver à ceci : je voudrais, enfin je souhaiterais serrer encore une fois dans mes bras, mon vieux parent d'Aix-en-Provence, mais voilà que j'hésite vraiment entre cette direction et la direction de Brest ! En effet, j'ai à Brest une cousine également malade et, ma foi, je me demande si...

LE PRÉPOSÉ, *catégorique.*
Trains pour Brest : une Micheline à 7 heures, un Train Bleu à 9 heures, un Train Vert à 10 heures, un omnibus à 15 heures avec changement à Rennes. Train de nuit à 20 h 45, vous arrivez à Brest à 4 h 30.

LE CLIENT
Ah, merci, merci beaucoup, monsieur. Si j'en crois vos indications, je devrais donc aller voir ma cousine de Brest, plutôt que mon vieil oncle d'Aix-en-Provence ?

LE PRÉPOSÉ, *sec.*
Je n'ai rien dit de ce genre. Je vous ai donné les heures des trains : un point, c'est tout.

LE CLIENT
Sans doute mais, ou je me trompe fort, ou il m'a semblé que vous manifestiez une certaine préférence, une sorte de préférence personnelle pour ma cousine de Brest et je vous en remercie, oui, je vous en remercie, bien que ce soit, en somme, au détriment de mon vieil oncle d'Aix, auquel je porte une affection qui...

LE PRÉPOSÉ
Mais enfin, monsieur, prenez toutes les décisions que vous voudrez ! C'est votre affaire, que diable ! Moi,

je suis ici pour vous donner des renseignements!
(Le Client ne répond pas. Le Préposé, encore agacé mais presque condescendant.) Mais enfin, monsieur, répondez!

LE CLIENT, *infiniment triste et doux.*
Ce n'est pas à moi de répondre, monsieur... c'est à vous... Et moi qui aurais tant désiré un conseil, pour savoir ce que je dois faire... ce que je dois faire... quelle direction prendre!

UN HAUT-PARLEUR, *au loin, sur un ton étrange et rêveur.*
Messieurs les voyageurs pour toutes directions, veuillez vous préparer, s'il vous plaît... Messieurs les voyageurs, attention... messieurs les voyageurs votre train va partir... Votre train, votre automobile, votre cheval vont partir dans quelques minutes... Attention!... Attention!... Préparez-vous!

LE CLIENT, *reprenant sa question.*
Oui, je voudrais tant savoir quelle direction prendre... dans la vie... et surtout...

LE PRÉPOSÉ, *toujours rogue, lui coupant la parole.*
Dépêchez-vous, je n'ai pas de temps à perdre! Que désirez-vous savoir?

LE CLIENT
Je n'ose vous le dire!

LE PRÉPOSÉ
On ne fait pas de sentiment ici!

LE CLIENT
Je croyais qu'au contraire dans les gares… Il y a tant d'allées et venues, tant de rencontres! C'est comme un immense lieu de rendez-vous…

LE PRÉPOSÉ
Vous avez donné rendez-vous à quelqu'un?

LE CLIENT
Heu, oui et non, c'est-à-dire…

LE PRÉPOSÉ
Une femme, naturellement?

LE CLIENT, *ravi.*
Oui, c'est cela : une femme. Comment l'avez-vous deviné?

LE PRÉPOSÉ, *haussant les épaules.*
Mais à votre costume, voyons!

LE CLIENT
Comment, à mon costume?

LE PRÉPOSÉ
N'êtes-vous pas habillé en homme?

Le Client
Bien sûr !

Le Préposé
J'en conclus que vous êtes un homme. Ai-je tort ?

Le Client
Non, certes !

Le Préposé
Eh bien ! si vous êtes un homme, c'est une femme que vous cherchez. Ça n'est pas plus difficile que ça !

Le Client
Quelle perspicacité ! Et quelle simplicité dans ce raisonnement : un homme... donc une femme !

Le Préposé
Évidemment ! Mais quelle sorte de femme cherchez-vous ?

Le Client
Une femme du genre «femme de ma vie».

Le Préposé
Attendez que je consulte mes fiches. Voyons. Votre nom commence par *m* et finit par *t*... bon... *(Il feuillette ses fiches.)* Voici : une femme brune répondant au nom

de Rita Caraquilla a traversé la rue à 15 h 45, allant dans la direction du Sud-Ouest. Est-ce cela ?

LE CLIENT
Je ne le pense pas. La femme de ma vie serait plutôt blonde… blonde tirant sur le châtain… Enfin, entre les deux.

LE PRÉPOSÉ, *cherchant encore dans ses fiches.*
Alors, serait-ce plutôt celle-ci : Mademoiselle Rose Plouvier, modeste… *(Regardant de plus près.)* Non, pardon ; modiste, franchira le porche de l'immeuble d'en face, demain à 9 heures du matin. Elle se rendra chez une cliente, Madame Couchois, qui…

LE CLIENT, *tristement.*
Non ! Inutile, monsieur. Cela ne peut pas être cette personne : je ne serai plus ici.

LE PRÉPOSÉ
Dans ce cas, je regrette : nous n'avons personne, entre aujourd'hui 15 h 45 et demain 9 heures, qui réponde au signalement. Est-ce tout ?

LE CLIENT
Non, ce n'est pas tout. Je voudrais savoir… ce que vous pensez, très exactement… de ma façon de vivre.

Le Préposé
Expliquez-vous ! Des détails !

Le Client
Volontiers... Voici... Le matin, je me lève de bonne heure et j'absorbe un grand verre de café... Est-ce que c'est bon, cela, pour ma santé ?

Le Préposé, *doctoral et catégorique.*
Ajoutez-y une petite quantité de lait. C'est préférable. Notamment pour la constipation.

Le Client
Ah ! Bon ! Merci. Permettez que je note ?
Il prend rapidement des notes sur son calepin.

Le Préposé
Continuez !

Le Client
D'autre part, pour me rendre à mon bureau le matin, j'emprunte la voie ferrée dite « Métropolitain »... et lorsque je peux m'asseoir (ce qui n'est pas toujours possible), j'ai coutume de lire un grand journal d'information.

Le Préposé, *durement.*
Pour quoi faire ?

Le Client
Eh bien, je ne sais pas, pour passer le temps, pour ne pas oublier l'alphabet… pour me tenir au courant…

Le Préposé
Au courant de quoi ?

Le Client, *dans un souffle.*
De tout… ce qui se passe… ici ou là !…

Le Préposé
Inutile ! Vous n'avez rien à savoir. D'ailleurs on ne peut pas tout savoir. Lisez plutôt un journal pour enfants. C'est excellent. Ça éclaircit le sang. On digère mieux et on engraisse moins.

Le Client
Bien, monsieur. Bien. Je note également ce précieux conseil. *(Il note.)* Nous disons : café au lait… pour la constipation… journal d'enfants, pour la digestion… *(Sans transition avec un soupir.)* … Ah ! tout cela ne nous rendra pas le paradis perdu !

Le Préposé
Lisez Milton ou la troisième partie de *La Divine Comédie* !

Le Client
Je les lis, monsieur. Je les lis, ces livres admirables. Mais les immenses étendues qu'ils offrent à notre imagination, je ne les ai pas encore rencontrées entre la place de la Contrescarpe, où j'habite, et le boulevard Sébastopol, où se trouve le lieu de mon travail !

Le Préposé
Prenez un autre chemin !

Le Client
J'ai essayé, monsieur. J'ai essayé, croyez-le bien. Mais ça n'a rien changé, absolument rien ! Au contraire, plus je prends le Métro, plus je constate que le paradis s'éloigne de moi.

Le Préposé
Avez-vous essayé du désespoir ?

Le Client
Du... quoi ?...

Le Préposé, *comme parlant à un sourd.*
Du désespoir métaphysique. Oui, enfin, de l'angoisse, de l'angoisse du désespoir ou encore de la fréquentation de votre inconscient, de «l'homme souterrain»?

LE CLIENT
Hélas! je ne le connais que trop, l'homme souterrain! Il est particulièrement abondant sur la ligne Ivry-Porte de la Chapelle.

LE PRÉPOSÉ
Eh bien, mais justement! N'avez-vous pas éprouvé une sorte de soulagement moral en constatant combien les philosophies crépusculaires, les théories de l'angoisse et du désespoir étaient... comment dire... identiques à votre sort? Il y a là une sorte d'harmonie, de convenance esthétique, qui devrait vous réjouir, non?

LE CLIENT, *hochant la tête.*
Dites plutôt que la peinture de l'Enfer me ramène à mon enfer quotidien, de sorte que je m'y enfonce un peu plus chaque jour. Ah... monsieur! Comme je le disais encore hier à mon chef de bureau, Monsieur Claquedent : Théophile Gautier a écrit :

> Si les oiseaux avaient des ailes
> Je partirais avec elles

ou... quelque chose d'approchant.

LE PRÉPOSÉ, *doux mais ferme.*
Mais, permettez : ils en ont, des ailes, les oiseaux!

Le Client, *déçu.*

C'est vrai !… Alors, que faire ?

Le Préposé, *du ton le plus naturel.*

Consacrez-vous à une grande tâche : soyez chef d'industrie, conquérant, homme d'État ! Vous verrez : vous sentirez une sorte d'amélioration.

Le Client

J'y ai souvent songé, mais le moyen ? Ça n'est pas si facile.

Le Préposé

Oh, avec un peu d'habitude !… Tenez, regardez-moi : ne suis-je pas arrivé à une haute situation ?

Le Client, *avec respect.*

C'est vrai !… Mais je n'ai pas votre assurance, votre autorité… Non, voyez-vous : moi, j'étais plutôt fait pour le rêve…

Le Préposé, *sur le ton d'un commandement militaire.*

Alors, rêvez !

Le Client

Bien sûr, je rêve. Je rêve chaque fois que je le peux. Surtout éveillé, bien entendu. Car lorsque je dors, eh bien… rien ! Un trou noir ! Je rêve donc le jour, dans la rue, au restaurant, au bureau; cela m'aide à vivre! Malheureusement, mes rêves sont flous. Oui, ils manquent de netteté. Je voudrais leur donner un peu plus de «corps», un peu plus de coloris.

LE PRÉPOSÉ, *sur un ton prosaïque et détaché.*
Vous avez tort. À votre place, au point où vous en êtes, je franchirais d'un bond le dernier fossé qui me sépare de la vie éternelle.

LE CLIENT
Mais, qu'appelez-vous la «vie éternelle»?

LE PRÉPOSÉ, *emphatique.*
J'appelle ainsi le fait de vivre en esprit, *par* et *pour* l'Esprit, et de tenir pour néant les accidents de la vie, les contingences de la réalité. Vous me suivez?...

LE CLIENT
Ah! je vous suis! Monsieur! Avec quel enthousiasme je vous suivrais ainsi! Jusqu'au bout du monde!

LE PRÉPOSÉ, *devenant lyrique et prophétique, parodiquement.*
Je vous emmène plus loin que le bout du monde : là où les formes ne sont plus que des idées, où les êtres ne sont plus que des essences, où règne une immobile clarté, en équilibre entre un avenir déjà révolu et un passé qui *devient*!

Le Client, *extasié.*
Je vois... je vois... quelle pluie d'étoiles !

Le Préposé, *rectifiant.*
Il n'y a *même plus* d'étoiles !

Le Client, *docile.*
Quelle pluie d'absence d'étoiles !

Le Préposé, *les yeux blancs.*
Quelle absence ! Quelle absence ! Où êtes-vous ?

Le Client, *d'une voix vague de petit enfant perdu.*
Ici !... Ici !

Le Préposé, *immense et lointain.*
Erreur. Vous n'êtes plus ici ou ailleurs. Vous n'êtes nulle part !

Le Client
Cependant, je vous entends. J'entends votre absence de voix proférer un néant de paroles... Je ne suis plus : j'étais. Je ne souffre plus : j'ai souffert. Je ne vis plus : j'ai vécu.

Le Préposé, *catégorique mais inspiré.*
En esprit !

Le Client, *même ton.*
Je suis esprit.

Le Préposé, *même ton.*
J'ai les ailes de l'esprit.

Le Client
Je vole auprès de vous !

Le Préposé
Adieu petite terre, adieu, adieu !

Le Client, *agitant son mouchoir.*
Adieu, petite boule de terre !

Le Préposé, *agitant aussi son mouchoir.*
Adieu, et bonne continuation !...

Le bruit d'un klaxon d'auto appelant rageusement, suivi du démarrage de plusieurs voitures, les tire de leur envoûtement. Ils se regardent d'un air étonné et se remettent à parler sur un ton normal.

Le Préposé
Hein ?

Le Client
Quoi ?

LE PRÉPOSÉ
Comment ?

LE CLIENT
Plaît-il ?

LE PRÉPOSÉ
Nous disions ?

LE CLIENT
Je disais que...

LE PRÉPOSÉ, *résigné.*
Je vous écoute.

LE CLIENT
Je... J'aurais encore une question à vous poser.

LE PRÉPOSÉ
Laquelle ?

LE CLIENT, *avec un air malicieux.*
Celle-ci : à votre avis, quelle sera ma destinée sur cette terre ?

LE PRÉPOSÉ
Pour que je puisse vous répondre, il me faut faire

votre horoscope. Une minute, je vous prie, voyons. *(Il cherche dans ses papiers.)* Ah! un détail me manque. Quel mois, quel jour et à quelle heure êtes-vous né?

LE CLIENT
Le 1er mai, à 21 h 35.

LE PRÉPOSÉ
Bon! Je vois ce que c'est : le Lion entrait avec la Vache dans la constellation du Vampire, et Galilée s'éloignait de Poséidon, mais les Quatre-Fils-Aymon s'avançaient royalement sur la Couronne de Méduse et le Paraclet faisait sa jonction avec Lucifer, lorsque Madame votre mère vous mit au monde.

LE CLIENT
Quoi? Il s'est passé tant d'événements dans le ciel au moment de ma naissance?

LE PRÉPOSÉ
Ne dites pas «au moment», dites : *pour* ma naissance!

LE CLIENT, *toujours souriant.*
Et ce grand remue-ménage céleste, qu'est-ce qu'il prépare pour moi?

LE PRÉPOSÉ, *glacial.*
C'est selon.

Le Client
Comment : c'est selon ? Est-ce qu'un destin peut changer «selon» les circonstances ?

Le Préposé
Vous m'avez mal compris. Je voulais dire : selon vos questions, je répondrai.

Le Client
Ah ! Bon ! Vous me rassurez !

Le Préposé, *inquiétant.*
Il n'y a pas de quoi.

Le Client, *commençant à s'inquiéter, mais riant faiblement pour se rassurer.*
Vous alliez me faire croire que je n'avais pas de destin !

Le Préposé
Cela vaudrait peut-être mieux !

Le Client
Trêve de plaisanteries !

Le Préposé, *pianotant sur sa table.*
En effet !

LE CLIENT
Quelle question dois-je vous poser ?

LE PRÉPOSÉ, *avec détachement.*
S'il vous faut poser une question pour savoir quelle question vous devez poser, nous n'en finirons pas ! Je ne suis pas le Sphinx !... ni Œdipe !

LE CLIENT
Évidemment.

LE PRÉPOSÉ
Ni vous non plus, d'ailleurs.

LE CLIENT
Bien entendu... Voyons... que vous dire... Ah ! J'y suis : une bonne petite question banale, quelque chose qui ne soit pas urgent, qui me laisse tout mon temps devant moi, une question sur mon avenir : par exemple... Voici. *(Hilare.)* Quand mourrai-je ?

LE PRÉPOSÉ, *avec un très aimable et très affreux sourire.*
Enfin, nous y voici : mais, dans quelques minutes, mon cher monsieur. En sortant d'ici.

LE CLIENT, *incrédule et goguenard.*
Ah ! vraiment ! Comme ça ! En sortant d'ici ? Pourquoi pas ici même ?

Le Préposé
Cela serait plus difficile, il n'y a pas ce qu'il faut. On ne meurt pas, ici !

Le Client, *se montant.*
Ah ! il n'y a pas ce qu'il faut ? Et votre poêle, il ne peut pas prendre feu, non ? ou bien nous asphyxier ? Et la maison ne peut pas s'écrouler sur notre tête, non ? Et… votre parapluie ? Et… votre porte-plume ? Et votre espèce de sale petite guillotine ?
Il désigne le guichet. Le Préposé le laisse tomber implacablement, puis le relève aussitôt.

Le Préposé
Vous m'avez posé une question : j'ai répondu. Le reste ne me concerne pas.

Le Client, *haussant les épaules.*
Alors, je vais vous en poser une seconde : n'y a-t-il rien à faire pour éviter tout cela ?

Le Préposé, *implacable.*
Rien.

Le Client, *toujours incrédule.*
Rien du tout ? Absolument rien ?

Le Préposé, *irrévocable.*
Absolument rien !

Le Client, *soudain démonté.*
Bien... bien... je vous remercie. Mais...

Le Préposé
Mais quoi ? Je pense que c'est tout, n'est-ce pas ?

Le Client
C'est-à-dire... je voulais encore vous demander quand... vous demander si... enfin comment...

Le Préposé, *l'interrompant.*
Quand, si, comment ? *(Il hausse les épaules.)* Vous vous rendez compte, je suppose, que vos deux avant-dernières questions – ou plutôt mes deux dernières réponses – rendent à peu près inutiles toutes les autres questions et réponses ? Du moins en ce qui vous concerne...

Le Client, *atterré.*
C'est pourtant vrai !...

Le Préposé, *se montant un peu.*
Si vous aviez commencé par là, vous nous auriez, à l'un et à l'autre, épargné bien du souci ! Et quel temps perdu !

Le Client, *redevenu humble et tremblant, comme au début.*
Comme c'est vrai, monsieur ! Oh, pardonnez-moi ! La curiosité, n'est-ce pas !

Le Préposé, *bon diable quand même.*
C'est bon ! Mais n'y revenez plus, hein !

Le Client, *déchirant.*
Hélas !

Le Préposé, *pour sa propre justification.*
Tous les renseignements que vous désiriez, je vous les ai donnés.

Le Client, *obséquieux.*
C'est exact, monsieur. Je vous remercie, monsieur.

Le Préposé
Ne me remerciez pas, j'ai fait mon métier.

Le Client
Oh ! Ça c'est vrai ! Vous êtes un employé modèle.

Le Préposé, *modeste.*
Je ne cherche qu'une chose : satisfaire la clientèle.

Le Client
Merci, monsieur, vraiment merci… Du fond du cœur… *(Il va à la porte, puis se ravise.)* Au fait, combien vous dois-je ?

LE PRÉPOSÉ, *grand et généreux.*
Ne vous inquiétez pas de cela : vos héritiers recevront la petite note.

LE CLIENT
Merci. Merci beaucoup. Alors... au revoir, monsieur...

LE PRÉPOSÉ, *se levant, avec une sorte de respect funèbre.*
Adieu, monsieur !

Le Client sort très lentement, à regret, bien entendu... À peine a-t-il refermé la porte sur lui, on entend un bref appel de klaxon, un violent coup de freins, et, presque en même temps, un hurlement de douleur. Le Préposé écoute un instant, hoche la tête et va à son poste de Radio. On entend une « chanson de charme » à la mode. Puis il va s'asseoir à son bureau et se plonge dans ses papiers.

RIDEAU

Petit carnet de mise en scène

Laure Caille-Bonnet,
comédienne

Jean Tardieu,
un auteur à plusieurs voix

Jean Tardieu est né dans le Jura, le 1er novembre 1903, fils unique de Victor Tardieu, peintre reconnu, chargé de commandes officielles, et de Caroline, dite Caline, son épouse, fille de musicien, musicienne elle-même et harpiste de talent.
En 1904, la famille s'installe à Paris, rue Chaptal. L'enfant est rêveur et a un goût très vif pour la nature.
Dès 1914, Victor Tardieu quitte les siens, d'abord pour s'engager le temps de la guerre, ensuite afin de créer et de diriger une école des beaux-arts à Hanoï, en Indochine. Resté seul à Paris avec sa mère, Jean poursuit ses études au lycée Condorcet puis à la Sorbonne. Il participe aux Entretiens d'été, les Décades de Pontigny où se réunissent de nombreux écrivains, et où ses premiers écrits poétiques sont remarqués par André Gide et Roger Martin du Gard. Certains de ses poèmes sont même publiés par Jean Paulhan dans *La Nouvelle Revue française*.
Jean Tardieu fait son service militaire à Hanoï en 1928-1929 ; il s'ennuie de ses amis parisiens et déplore la

médiocrité des salons coloniaux. Mais il fait aussi la rencontre d'une jeune biologiste qui deviendra sa femme et dont il aura une fille.

De retour à Paris, il se marie et exerce différents métiers. Durant la Seconde Guerre mondiale, il est mobilisé en 1939-1940. Il participe ensuite aux publications clandestines de la Résistance auprès de ses amis Louis Aragon, Vercors, Paul Éluard, Pierre Seghers... À la revue *Messages* il rencontre Raymond Queneau, Guillevic et André Frénaud.

En 1946, Francis Ponge, directeur de la page littéraire de l'hebdomadaire *Action,* l'invite à rédiger la rubrique théâtrale. La majorité des pièces jouées à Paris durant ces années sont issues du répertoire dit de boulevard. Ce genre, hérité du XIXe siècle, repose sur des schémas immuables, le plus souvent celui du triangle femme-mari-amant. L'ennui que Jean Tardieu éprouve à ces représentations et le retard du théâtre par rapport à la peinture, la musique, la poésie l'encouragent à poursuivre l'écriture théâtrale commencée dès son adolescence. Il s'amusera beaucoup à parodier le genre du boulevard dans des pièces comme *Un mot pour un autre* ou *Il y avait foule au manoir.*

En 1946 toujours, Jean Tardieu entre à la Radiodiffusion française et devient chef du service dramatique puis directeur du Club d'essai, fondé par Pierre Schaeffer sous le nom de Studio d'essai, qui a pour mission d'explorer toutes les possibilités de la radio. On peut y entendre des musiciens d'avant-garde (dont Pierre Boulez), des entretiens avec différents artistes et personnalités, des tentatives originales d'écriture poétique, théâtrale et littéraire. Les nouvelles techniques qui permettent d'utiliser le son, de le déformer, de l'amplifier, de le ralentir ou de le répéter créent des effets inédits qui vont influencer directement les recherches de Tardieu sur l'écriture théâtrale. (On peut lire à ce sujet *L'Île des lents et l'île des vifs, Les Oreilles de Midas, La Jeune Fille et le Haut-Parleur.*) Grâce à la liberté d'action qu'il laisse à ses collaborateurs et à sa propre créativité, Tardieu ouvre les portes du monde culturel moderne à quantité de jeunes talents, comme François Billetdoux, Jean Négroni, Jean Topart ou Michel Bouquet. Avec Marius Constant, il lance le premier programme en modulation de fréquence, qui deviendra plus tard France-Musique.

Le parcours de Jean Tardieu à la radio se poursuivra jusqu'à sa retraite qu'il prend en 1969, avec le titre de conseiller de direction. Il se consacrera alors avec intensité au travail d'écriture, et à sa passion pour la peinture en collaborant à l'élaboration de livres d'art en compagnie d'artistes contemporains.

Jean Tardieu est mort en 1995.

Thèmes et variations

De la poésie au théâtre, – de la pureté des poèmes de jeunesse à l'humour cocasse du théâtre de l'âge mûr, en passant par les « poèmes à jouer » et la prose poétique, jusqu'aux écrits sur la peinture, l'œuvre de Jean Tardieu est une suite de variations sur des thèmes semblables. L'auteur explore des genres très différents, mais fondés sur les mêmes préoccupations : sentiment d'étrangeté, unité perdue à retrouver par des mots, singularité inopportune, dualité…

« *Un rêve étonnant m'environne :*
je marche en lâchant des oiseaux
tout ce que je touche est en moi
et j'ai perdu toutes les limites. »

(« Le Témoin invisible », *Le Fleuve caché*,
Poésies 1938-1961, Poésie/Gallimard)

« *Être tantôt d'accord avec le monde, tantôt en exil, c'est supposer qu'il y a autre chose, quelque chose d'invisible derrière le visible, une sorte de voix inconnue et très connue qui dialogue avec vous, qui vous entraîne on ne sait où…* », explique Jean Tardieu. Ce sentiment d'étrangeté et de pluralité du moi qui le hante (« *il comme un autre je à soi-même impossible* ». Portrait de l'auteur dans *Une voix sans personne*), prend chez le poète la forme de « doubles » de lui-même, qu'il explore à l'infini, comme pour essayer de fixer les contours de sa propre personne. Pour l'argument de *Monsieur Monsieur*, il écrit : « *... c'est sur ce miteux théâtre de marionnettes où vont tout à l'heure apparaître deux Monsieur identiques, dont chacun n'est que le double de l'autre [...] – c'est là que je m'étais caché pour écrire ces poèmes.* »

On peut ainsi distinguer un double burlesque dans son théâtre (le professeur de *Ce que parler veut dire*, le présentateur d'*Oswald et Zénaïde*...), et un double grave qui prend la parole dans ses poèmes, en déclinant le pronom personnel de la première personne du singulier « je », par exemple, dans « Une voix sans personne » (*Le Fleuve caché*, Poésie/Gallimard) : « *Un seul je suis, je veux être un et je suis toutes choses / un seul je vais à ce miroir et ne vois rien / qui porte un nom, mon nom je ne vois rien.* »

Le théâtre de Jean Tardieu, dont on apprécie tellement le registre comique, est, comme toute son œuvre, marqué par un tiraillement incessant entre gaieté et douloureuse mélancolie.

Son œuvre porte par ailleurs l'empreinte de sa curiosité passionnée pour la musique et la peinture qui l'ont accompagné tout au long de sa vie.

Peinture et écriture

Si la peinture a beaucoup inspiré Jean Tardieu, s'il a rédigé de nombreuses préfaces d'expositions et d'ouvrages d'art, il n'a pas écrit «sur» la peinture, mais plutôt «avec», sous forme de poèmes et de prose poétique, qu'il appelle «poèmes traduits des arts» *(Poèmes à voir*, 1990), ou encore «tableaux de mots» (*Le Miroir ébloui*, 1993), inspirés par les tableaux, la matière, les nuances, et la façon dont le geste du peintre a tenté d'élaborer sa perception du monde. Il était l'ami de Hartung, Ernst, Bazaine, Villon, Da Silva, Bury, Dubuis. Il a «commenté» en poésie Corot, Van Gogh, Kandinsky, de Staël, Klee...

Pour Jean Tardieu, dire de la peinture qu'elle est abstraite n'a pas plus de sens que dire de son théâtre qu'il est absurde. «*Ils savent*, écrit-il à propos des peintres dans *De la peinture qu'on dit abstraite, que, depuis toujours, le secret de la peinture n'était pas seulement dans l'éloquence des fables, ni dans la ressemblance des figures, mais dans une oscillation perpétuelle entre l'intelligence créatrice et la magie du sensible.*» Ce secret qui n'est ni dans l'éloquence des fables, ni dans la ressemblance des figures, vous devez chercher à l'approcher en interprétant son théâtre.

Musique et poésie

L'influence de la musique est naturellement présente dans la poésie de Tardieu. Le poète y poursuit sa recherche «musicale» destinée à créer une poésie axée sur « l'accent tonique ». En effet, alors que la tradition poétique classique française (plutôt mise à mal depuis le début du XXe siècle) est fondée sur une versification rigoureuse, Jean Tardieu s'amuse à « *considérer les mots comme des objets, en dehors de leurs sens* ». Grand admirateur de Paul Valéry, il maîtrise la forme poétique, mais à sa manière, il invente en se préoccupant du rythme avant tout, du temps que l'on met pour dire « la ligne », et bien sûr, des sonorités des mots qui se heurtent ou se caressent. « *Je partais de quelques mots très simples, très connus, et j'organisais mes poèmes comme un musicien combine des notes, sans craindre les répétitions.* »

« *Quand les premiers accords sonnèrent dans l'orchestre,
alors la mer cessa de fuir devant cet homme
et sur lui referma lentement
sa robe immense et maternelle
et l'odeur de l'amour et le bruit des cailloux.* »
(« Histoires obscures », *Le Fleuve caché*)

Vous pouvez écouter les œuvres de musiciens qu'aimait Jean Tardieu et qui l'ont inspiré, tels Rameau, Satie, Ravel ou Debussy, dont l'écriture est « enlevée », comme doit l'être l'interprétation de son théâtre. Citons aussi *La Jeune Fille et la Mort,* le lied de Schubert, ou encore *Le Clavecin bien tempéré* de Bach, œuvres que Tardieu avait en tête en écrivant certaines de ses pièces.

Le sens et la magie du langage

Cette sensibilité musicale explique aussi la recherche permanente du poète sur le sens du langage : le bruit des mots qui crée une signification, un sens. Tardieu raconte dans *La Première Personne du singulier* (*La Part de l'ombre*, Proses 1937-1967, Poésie/Gallimard) que lorsqu'il était petit et qu'il devait rester dans sa chambre pendant que ses parents recevaient des invités, il était fasciné par le bourdonnement des conversations qu'il essayait d'interpréter. Cette curiosité d'enfant débridait son imagination et lui permettait de se former du salon une étrange représentation, comme l'esquisse d'un théâtre...

Ses expériences sur le langage prennent plusieurs formes. Le poète utilise une lettre pour une autre, un mot pour un autre ; il explore ces « sons » que nous émettons dans la conversation mais que nous ne considérons pas comme de « vrais mots », même s'ils servent à l'expression de chacun. Sa pièce *Ce que parler veut dire* est d'une certaine manière la preuve que l'on peut se faire comprendre avec toutes sortes de matériaux oraux autres que les mots du dictionnaire.

Une reconnaissance venue du théâtre

C'est sans doute parce que l'œuvre théâtrale de Jean Tardieu est composée essentiellement de « pièces courtes,

poétiques ou franchement parodiques », qu'elle est jouée si fréquemment, pour la facilité qu'elle offre aux jeunes et aux débutants.
Son théâtre a connu un succès extraordinaire auprès des troupes d'amateurs et d'écoliers, dès les années 1950. Ce succès « *est dû* [...] *à la brièveté des pièces les plus jouées, mais aussi à une espèce de naïveté qui s'y manifeste et qui est, évidemment, propre à attirer la jeunesse. Or rien n'est plus sympathique, ni plus réconfortant pour un auteur que d'entrer en résonance avec les jeunes générations.* » (Préface de l'auteur à *La Comédie du langage*).

Faire une mise en scène

On peut faire du théâtre avec presque rien, juste avec l'envie et l'idée qu'on s'en fait. Ne soyez pas intimidés si vous manquez de moyens. On peut toujours inventer des solutions. D'ailleurs, vous verrez que Jean Tardieu, soucieux des possibilités de mise en scène de ses œuvres, propose des dispositifs modestes.

La scénographie

Ne pas confondre décor et décoration. Le décor n'est pas là uniquement pour décorer le plateau, ou pour faire joli, mais pour mettre le texte en situation afin que les personnages puissent évoluer dans un lieu.
Dans les quatre textes présentés ici, la donne est simple : les didascalies (indications scéniques données par l'auteur) proposent des meubles faciles à se procurer. Si vous le désirez et si vous en avez les moyens, vous pouvez les fabriquer, les transformer, les peindre. L'idéal est d'associer à votre aventure théâtrale des personnes ayant le

goût des arts plastiques et sachant utiliser des matériaux de récupération.

La scénographie est là pour donner au texte un éclairage particulier ; elle permet d'adopter un point de vue sur ce texte. Si les meubles sont modestes et abîmés, ils créeront une atmosphère d'inconfort, alors que s'ils sont luxueux, les spectateurs auront l'impression que les personnages vivent dans un monde fortuné. *Le Guichet* ou *De quoi s'agit-il ?* sont deux pièces qui se déroulent dans une administration, ou l'état d'un espace public est le reflet de l'état d'une société.

Les scénographes aiment regarder des tableaux ou des photos avant d'imaginer un décor. Pour être sûrs de ne pas trahir l'esprit de Tardieu, vous pouvez consulter des ouvrages sur des peintres qui lui étaient chers, comme Braque, Chagall, et tous ceux cités plus haut. Peintres abstraits pour la plupart mais de facture très différente. Sans vous aider directement, ils vous inspireront peut-être des choix de couleurs.

Par manque de moyens, vous serez sans doute amenés à utiliser simplement le lieu qui vous accueille. Ne craignez pas de le laisser dénudé, en apportant les quelques éléments indispensables pour faire comprendre la situation. Le spectateur a beaucoup d'imagination à condition de lui suggérer l'essentiel. Et le décor est très important pour l'acteur, même à son insu. Un fauteuil confortable le mettra dans une tout autre humeur qu'une chaise dure.

La lumière

Quand on ne dispose pas d'un théâtre équipé, ni surtout, de l'aide d'un professionnel, la lumière est le point le plus délicat : il convient d'y réfléchir à l'avance. Pensez d'abord à ce qui vous sera nécessaire. Avez-vous besoin de produire des effets (des zones d'ombre ou de lumière, des noirs, des montées progressives, etc.) ? Ces questions sont à résoudre avec les moyens du bord. Vous pouvez très bien faire un éclairage avec des lampadaires à halogène de salon, des lampes de chevet, des projecteurs de chantier ou de photographe, voire... utiliser tout simplement la lumière du jour !
Songez que l'éclairage provoque l'atmosphère de la scène et donne des informations : intérieur ou extérieur, grand jour ou petit jour... Isoler dans la lumière un ou deux acteurs équivaut à un gros plan de cinéma. Ou encore éclairer de petites zones à la fois crée des espaces d'intimité (et inversement).

Le metteur en scène

Désigner un metteur en scène qui emporte l'adhésion de toute la troupe est essentiel pour construire l'unité du spectacle. Des acteurs qui travaillent seuls, sans « regard extérieur », plongent vite dans des discussions interminables et ne sont guère efficaces.

Prenez le temps de lire et de relire la pièce, à voix haute, ensemble, afin de bien saisir les finesses de l'écriture de Tardieu. G.-E. Clancier écrit dans la préface du *Fleuve caché* : « *L'œuvre de Tardieu s'impose en lenteur, en douceur, par toutes les nuances merveilleusement sensibles, émouvantes, et savantes, fraîches et raffinées, qui fondent l'originalité de cette poésie tour à tour confiante et tragique, tendre et solennelle, subtile et cocasse.* »
Il faudra éliminer d'emblée un grossier « jeu comique », farci de mimiques, de gesticulation et de lourdes intonations convenues.
En abordant chaque scène, il est très important de commencer par définir la situation pour savoir ce que vous allez faire de votre corps dans l'espace. Être précis vous évitera de gesticuler inutilement. Le théâtre de Tardieu est un théâtre de paroles. Peu d'événements s'y produisent.
Il convient donc d'analyser chaque scène dans le détail pour saisir l'évolution des dialogues, et de se mettre d'accord sur ce qu'il est essentiel que le spectateur comprenne et retienne. Ainsi vous pourrez tracer le cheminement des différents sentiments chez les personnages. Reste à trouver comment représenter des sentiments ! Comment faire semblant et « faire vrai » ? Le célèbre metteur en scène Peter Brook propose cette comparaison pour illustrer ce dilemme : « *Quand je rêve que je me fais attaquer par des brigands, les brigands sont faux, mais ma peur est vraie.* »

« Ce que parler veut dire ou Le patois des familles »

Est-ce que parler veut dire quelque chose ?

Quand il avait sept ans, Jean Tardieu est tombé dans l'escalier. Assommé et étourdi, il se mit à réciter le début de la conjugaison qu'il venait d'apprendre : « Je suis, tu es, je suis, tu es », mais sa mère crut qu'il disait : « Je suis tué, je suis tué. » Ceci n'est qu'une anecdote mais elle semble prémonitoire, et elle vous aidera à comprendre ce souci essentiel de l'écrivain : la distorsion qui peut exister entre ce que l'on veut dire et ce que comprennent les autres.

Cette pièce est particulièrement riche des formes de langage détourné que Tardieu a pu explorer. On y trouve :
– Une séquence quotidienne où le langage est remplacé par des borborygmes et des cris d'animaux mais où l'on continue de comprendre ce qui se passe (grâce au professeur F, qui sert de guide).
– Une séquence, où il ne s'agit pas « d'un mot pour un

autre » (sujet d'une autre pièce) mais d'une phrase pour une autre : et le jeu des acteurs, leur intonation doivent absolument permettre de comprendre ce qui se passe.
– Une séquence qui offre un lot d'exemples tirés d'un dictionnaire imaginaire de petits mots « non officiels » (bibi, kiki, dondon), que tout le monde comprend et qui acquièrent ici un droit à l'existence. Cette démonstration se poursuit dans une scène où tous les personnages parlent entre eux avec des mots de bébé, le « patois des familles ».
– L'introduction d'un disque, ersatz de la radio, machine qui s'empare de la langue des hommes et qui en devient maîtresse quand le professeur perd le contrôle de ce disque. (D'autant que la machine, elle, ne veut pas mentir.)
Ce découpage impose un développement dramaturgique. La scénographie et la lumière vous aideront à le mettre en valeur.

Le petit coin du grand carré

Pour raconter cette histoire « scéniquement », je vous suggère de prévoir deux espaces de jeu distincts : un pour le professeur, et un où se déroulent les démonstrations.
Afin de créer entre eux une séparation imaginaire, il serait bon de les éclairer de teintes différentes. Par

exemple, le professeur aurait « un petit coin » qu'on peut choisir « intime », avec un fauteuil et une lampe de chevet au halo un peu orangé ; alors que l'espace des séquences serait plus large, sous une lumière plus crue et plus blanche. On peut aussi choisir l'inverse et souligner le côté professoral du professeur ; c'est un choix et il s'agit là de votre démarche artistique.

Sachez que Tardieu intervenait très peu dans les mises en scène de ses textes. Toutefois, l'abondance des didascalies témoigne de son souci de préciser au mieux ce qu'il voulait représenter. C'est une façon pour l'auteur de nous guider afin que nous évitions les méprises, tout en nous laissant libres d'imaginer un spectacle à partir d'un seul texte imprimé sur du papier.

Pour la scénographie, vous pouvez imaginer différentes façons d'installer le professeur : une boîte en carton, un pupitre, un cadre qui pendrait du plafond, au milieu duquel le comédien viendrait mettre sa tête comme dans un tableau ou un téléviseur…

Si le comédien est suffisamment sûr de lui, il peut aussi se tenir simplement debout.

Vous pouvez ensuite faire évoluer sa situation : à mesure que son discours progresse, chaque fois qu'il reprend la parole, il peut donner l'impression de se retrouver dans une position de plus en plus périlleuse… Le but est d'imposer une contrainte au corps, pour l'occuper, mais l'acteur doit se concentrer avant tout sur le texte à dire. Une position « périlleuse » n'est intéressante que si elle suggère l'idée d'une « urgence » à s'exprimer : la voix qui enfle un peu, un rythme soutenu, des respirations fréquentes, tout ce qui concourt à mettre le texte au centre de l'énergie de l'acteur.

Le second espace, réservé aux illustrations des théories, peut fort bien, lui, être très sobre : une base constituée d'une table et de quelques chaises. La présence d'accessoires suffit à indiquer qu'on est passé à une autre séquence. Par exemple, dans la première scène, vous pouvez mettre deux couverts. À la scène suivante, la table est débarrassée, une tasse et un tricot sont les seuls accessoires ; puis les chaises mises en ligne derrière la table évoquent une salle de classe pour la séquence du dictionnaire ; et enfin, on pose sur la table un vase et un trousseau de clés pour signifier le salon de la dernière scène.

Jouer le jeu du langage

Composer le rôle du professeur

Pour composer ce rôle, arrêtons-nous sur la figure du professeur F. C'est un émule du « professeur Frœppel », personnage du recueil poétique du même nom de Jean Tardieu. (Vous pouvez vous régaler de la lecture de son « dictionnaire », *Le Professeur Frœppel*, Gallimard, 1978.) Le professeur pourrait également être une incarnation fantaisiste de Tardieu lui-même, comme si l'auteur prenait la parole pour s'adresser au public, pour lui faire partager ses réflexions sur le langage, de manière drôle et détournée, à travers ce double.

Ce professeur F, professeur de linguistique, aime les mots et prend un plaisir particulier à prononcer les phrases. Pour le comédien, c'est un rôle très long et il faut le composer afin de le rendre riche. Le « composer » signifie donner au personnage une façon particulière de parler et de bouger. En veillant à ne jamais être caricatural, vous pouvez tenter de vous approprier quelques traits de comportement d'un enseignant de votre connaissance dont la façon de s'exprimer vous est restée en mémoire. Comme les tournures du professeur sont parfois longues et élaborées avec raffinement, il faut prendre garde à ne pas en faire un pédant.

Si vous avez décidé d'une scénographie qui impose une contrainte à l'acteur (un cadre, une boîte dont il doit sortir ou qui au contraire « l'avale » progressivement), la situation apportera cette touche de fantaisie si propre à l'œuvre de Tardieu, et l'acteur ne sera plus seul à la prendre en charge.

Figures sans nom

Les autres acteurs, qui ont pour mission d'illustrer le propos du professeur, ont des rôles de « figures » plus que de personnages. C'est-à-dire qu'ils n'ont pas de psychologie, pas de passé ni d'avenir, ils n'ont pas de noms, ils sont Monsieur, ou Madame, ou Un élève... Vous avez certainement une idée de l'attitude qu'il faut adopter pour avoir l'air d'un élève, d'un ami ou d'une madame. C'est cela dont vous aurez principalement besoin pour jouer ces figures. Il sera nécessaire, en répétition, de passer du temps à essayer de trouver une façon de marcher, ou de se tenir assis...

Pour la scène de Monsieur et Madame B, j'imagine quant à moi le couple alterner des pauses immobiles et des moments d'action. Pendant qu'ils sont décrits par le professeur, les acteurs seront comme « en arrêt sur image ». Puis quand ce sera leur tour, ils feront une démonstration violente et brève, peut-être plus inquiétante que drôle, avant de reprendre à nouveau la pause, l'aiguille en suspens.

Pour jouer Monsieur et Madame X, les acteurs doivent avoir en tête une traduction très claire de ce qu'ils disent, afin que leur ton soit assuré et précis. Il s'agit « d'une phrase pour une autre ». On peut relever par exemple : *« Ô mon ami, tu sais bien que le cri des canards sauvages réjouit le cœur du Samouraï »* et traduire par « Ô mon ami, quand tu me parles de cette façon, tu fais battre mon cœur ». Les phrases que les personnages disent sont plus belles que la traduction que nous pouvons imaginer. Ce qui provoque le rire chez le spectateur, c'est justement de comprendre la signification et la situation grâce au ton des acteurs, qui utilisent des phrases extravagantes en complet décalage. Ce sont les nuances d'intonation, la voix radoucie ou plus nerveuse, les chuchotements, les sous-entendus, et surtout les réactions des personnages entre eux qui permettront de «comprendre qu'il y a autre chose à comprendre» et que les phrases «ne disent pas ce qu'elles veulent dire».

Le Disque peut être joué par un acteur qui imite en direct l'effet du Disque grâce à une voix monocorde et mécanique. Vous pouvez le transformer en «Homme-Disque» avec des gestes d'automate, ou le faire parler de la coulisse, ou encore choisir une bande enregistrée, ce qui n'est pas la plus simple des solutions, car un enregistrement ne s'adapte pas aux erreurs, ni aux changements de rythme de son partenaire.

Pour le lot d'exemples tirés du dictionnaire, laissez-vous guider par les didascalies. Si vous choisissez (comme l'auteur en évoque la possibilité) de faire intervenir le public, soyez attentifs à le mettre en confiance. Les spectateurs sont parfois timides, ou parfois ravis des initiatives qui les mettent en scène. Le plus simple est toutefois de s'en tenir aux premières indications de Jean Tardieu, et de faire tout jouer par les comédiens ; le texte sera plus soigné, et donc, mieux entendu.

« Le Meuble »

Le meuble, et *Le guichet* sont extraits d'une trilogie intitulée *La Triple Mort du Client* comportant « Le meuble », « La serrure », « Le guichet », où un même personnage (l'Acheteur, dans *Le guichet)*, terne et timide, souhaite « quelque chose » qu'il vient chercher au début de la pièce mais qui l'entraîne par trois fois vers une mort violente.

Un personnage muet

Le meuble, première pièce de la trilogie, met en scène deux personnages, l'Inventeur et l'Acheteur. Le second ne prend pas la parole, contrairement à ce qui se passe dans *La serrure,* où il monopolise le discours, et dans *Le guichet*, où il la partage. L'Acheteur n'est là que pour recevoir un coup de revolver, et selon les indications de Tardieu, il doit rester « *invisible pendant toute la scène et supposé assis dans la coulisse, côté cour* ». Il suffit qu'on l'entende s'effondrer en coulisse. On peut aussi concevoir qu'il vienne en scène, ajoute l'auteur, « *mais il n'en sera pas moins muet.* »

L'intérêt de le faire venir sur scène, c'est qu'il constitue un appui pour celui qui est seul à parler, celui à qui l'Inventeur adresse son texte. Comme le discours de l'Inventeur est construit par paragraphes, pour passer de l'un à l'autre, la réaction – muette certes – (ou l'absence de réaction) de l'Acheteur justifie que celui qui parle change d'état, ou cherche de nouveaux arguments pour convaincre son partenaire.

À qui s'adresser ?

Dans les deux cas – que l'Acheteur soit sur scène ou non –, celui qui joue l'Inventeur risque d'être embarrassé car il sera partagé entre trois pôles : le Meuble qui est à jardin (à gauche, du point de vue du spectateur), le partenaire à cour (à droite), et le public, en face de lui. En effet, pour un texte aussi long, sans véritable dialogue, le public doit aussi être considéré comme un partenaire. Le premier conseil que l'on peut donner, c'est d'être décontracté et d'être attentif à la respiration. Le second, c'est de bien déterminer où se pose le regard pour chaque phrase déclamée. Cherchez « une ouverture », un jeu large et souple qui s'adresse aussi bien à l'assistance qu'à l'Acheteur. Mais sans en faire trop ! Toute la difficulté réside dans les petites nuances. Appuyez-vous sur le rythme du texte, sur sa ponctuation. Le monologue est toujours un travail très éprouvant pour un comédien.

Pouvoir imaginer

La mise en scène du *Meuble* peut se passer de décor, puisqu'il s'agit d'une pièce très brève et absolument nue. Le seul élément indiqué est une chaise. Il est amusant qu'elle soit unique car si les acteurs sont deux, il n'y en a qu'un qui peut s'asseoir. On peut imaginer que par politesse l'Inventeur donne la chaise à l'Acheteur, mais qu'ensuite, il se fatigue de rester tout le temps debout. Ce serait une direction intéressante pour l'interprète de l'Inventeur, qui doit manifester une certaine lassitude, après vingt-cinq années passées à mettre au point le Meuble.
Comme la scène est dépouillée, ce qui est censé se dérouler dans la coulisse devient très important et le spectateur doit pouvoir s'en faire une idée précise. L'acteur qui joue l'Inventeur a besoin de se le représenter avec précision et logique pour faire croire qu'une autre action a lieu hors du regard du spectateur. Ainsi il désignera sans hésitation : « *En haut, tout en haut, vous voyez cette petite galerie de plâtre doré ?* » et « *sur ce quatrième tiroir, vous voyez la double rangée de boutons ?...* » En effet, même s'il s'embrouille, ses gestes doivent être clairs, il ne doit pas gesticuler inutilement, afin d'éviter que le spectateur soit plongé dans la confusion.

Comment parler tout seul ?

Pour jouer ce texte, une lecture préalable, très précise, est primordiale, afin de bien détailler les évolutions d'un paragraphe à l'autre, et comprendre comment l'Inventeur change d'état au fur et à mesure de son monologue.
– De «*Ah, bonjour, monsieur! Vous venez pour le Meuble...*» à «*... Jusqu'au rez-de-chaussée. C'est clair*», l'Inventeur débute en douceur, sur un ton presque détaché, un peu sur le mode d'un agent immobilier en train de vendre une maison.
– À partir de «*Oui, je l'ai commencé il y a juste vingt-cinq ans*», il commence à s'emballer, avec enthousiasme, conviction; puis il parle de plus en plus fort, de plus en plus vite, de plus en plus aigu.
– Quand on arrive à «*D'abord, il faut bien, n'est-ce pas!*», on perçoit une perte d'assurance, comme si tout cela lui paraissait soudain vain, comme s'il était fatigué par l'idée même d'imaginer les infinies possibilités de son monstrueux Meuble.
Puis il reprend courage, il cherche à convaincre, il accélère, ralentit, s'essouffle, devient flatteur, flatté, s'irrite peut-être face au manque de réaction de son partenaire et cherche à le faire réagir aux performance de sa créature. Par contraste, lorsque le Meuble «parle», de façon très neutre et très régulière, en *psalmodiant*, le décalage est immense. Ce décalage ramène le Meuble à son statut de machine.

En revanche, il me semble que quand le Meuble s'emballe et accélère, l'Inventeur horrifié (il comprend déjà que ce déréglement aboutira au coup de feu) «psalmodie» son discours. Je trouverais juste qu'il parle de la même manière que la machine au début (de façon régulière et désincarnée). Ainsi, de «*Oh! Oh! Que se passe-t-il? Mais c'est incroyable! c'est inadmissible! Assez! Assez!*» et jusqu'à la fin, il déroulerait une litanie, comme s'il était en train de dire et d'exécuter à regret quelque chose d'inévitable. Comme si la machine avait choisi à sa place. Ce décalage de ton serait à la fois terrible et drôle.

«Le guichet»

Le guichet est une pièce particulièrement belle parce qu'on y retrouve ce balancement entre le «drôle à se tordre» et le «grave à frissonner» si admirable chez Tardieu.
On y effleure également un thème qui hante toute son œuvre, le caractère insaisissable de la réalité. À vingt-quatre ans déjà, le poète écrivait dans une lettre à un ami : «*J'ai en moi une grande ennemie; une imagination sans frein, sans mesure, qui fonctionne à tous les moments de ma vie, à propos du moindre objet. C'est indépendant de ma volonté, je ne puis parvenir, moi, à voir les choses telles que vraisemblablement elles sont. "Ce qui se passe sous mes yeux" à moi est aussitôt happé par cette machine à nuages qui goulûment, sans avoir le temps de traiter différemment des choses différentes, les enveloppe toutes d'un halo inconsistant et flou.*» (*Jean Tardieu ou la présence absente*, Laurent Flieder, librairie Nizet.)
Cette préoccupation, on la retrouve trente ans plus tard dans *Le Guichet*, lorsque le Préposé console le Client (qui se plaint que, malheureusement, ses rêves sont flous) :

« *Je vous emmène [...] là où les formes ne sont plus que des idées, où les êtres ne sont plus que des essences, où règne une immobile clarté, en équilibre entre un avenir déjà révolu et un passé qui* devient ! »
C'est le chemin du client vers la mort, annoncée dès le titre de la trilogie.

Tendez l'oreille

Le Guichet exige la production de sons suivant deux sources distinctes :
– La radio du Préposé. Elle passe deux fois une chanson mièvre et un bulletin de météo. Un lecteur de CD posé sur le plateau et manipulé par l'acteur (qui appuie sur ON/OFF) conviendrait parfaitement. Les morceaux nécessaires seront préenregistrés.
– Tous les bruitages de l'extérieur. Il vaudrait mieux avoir un enregistrement « propre », sur CD ou MD, diffusé par des enceintes à l'écart de l'espace de jeu. Vous pourrez trouver en médiathèque ou à la vente des CD spécialisés qui vous proposeront toutes sortes de bruitages (peut-être même l'orgue de Barbarie dont il est question dans Le meuble). La Voix du haut-parleur peut être enregistrée par un ami et diffusée hors scène.

Ouvrez l'œil

Pour la scénographie, l'essentiel est de couper l'espace en deux : l'espace « Client », vide et froid, si drôlement caractérisé par le panneau « Soyez brefs » ; et l'espace « Préposé », « Soyons patients », qui est plus chaleureux, d'abord au sens propre, mais aussi parce qu'il est pourvu d'un chauffage, et qu'une série d'objets personnels crée un petit désordre intime.
Si vous n'avez pas grand-chose sous la main, vous pouvez aligner des tables (type salle de classe) pour séparer les deux parties et constituer un guichet en empilant deux de ces tables, drapées dans un tissu uni gris (ou même de couleur), tiré et fixé aux quatre coins sur toute la hauteur. Perchez le Préposé derrière, et vous aurez un imposant guichet ouvert ou fermé en fonction de sa présence. En son absence, le Client se retrouve comme devant un mur.

Comment jouer cette pièce ?

Il faut toujours s'efforcer d'avoir à l'esprit le déroulement complet de la pièce. *Le guichet* commence par une satire très drôle du monde administratif, puis dérape vers l'improbable, quand le préposé tient entre ses mains toutes les clés de la vie du Client, ses amours et sa mort ; et la pièce s'achève enfin dans un curieux et dérisoire échange de politesses, jusqu'à la troisième mort brutale et annoncée du pauvre Client.

Les actions sont décrites dans les didascalies. Elles ont lieu pendant les silences, ou sur fond de musique. Le reste du temps, ce sont des échanges verbaux, des conversations. Par conséquent, il n'y aura pas beaucoup de déplacements à faire. L'essentiel est de bien dire le texte, pour le faire entendre. Vous pouvez lui faire confiance : il vous portera. Encore une fois : lisez-le attentivement, sentez le rythme qu'il propose. Étudiez le parcours de chaque personnage.

Le Client est au centre de la trilogie. Dans sa préface, l'auteur précise qu'il est « *un même personnage, sorte de* Monsieur tout le monde, *symbole pitoyable de la victime sociale* ». C'est un personnage en situation de demande, de gêne, et de peur. Prenez le temps de trouver la manière de faire ressentir ces trois états en adoptant une certaine façon de se tenir.

Un exercice valable pour tous les rôles consiste à répéter une phrase en boucle en variant toutes les manières possibles de la dire. Le danger est de prendre une « musique » (manière systématique de faire sonner une phrase). La solution est de toujours écouter son partenaire et de lui répondre.

Le Préposé détient l'autorité. Pour l'exercer, il n'a pas besoin « d'aboyer », au contraire, il peut jouir tranquillement de sa situation, et parfois feindre un grand épuisement, ou un mal de tête. Il est chez lui (présence de la radio) et toute sa vie est une répétition de la scène à laquelle on assiste. En disant le texte simplement, vous mettrez en valeur le comique qu'il contient (car le texte est drôle, à n'en pas douter), tout en laissant résonner la gravité. Par exemple, après que le préposé a répondu à la question : « *Quand mourrai-je ?* » par « *Enfin nous y voici : mais, dans quelques minutes, mon cher monsieur. En sortant d'ici.* » avec un plaisir sadique, un petit silence doit nous faire éprouver ce que cette réponse a de terrible.

L'essentiel

D'une façon générale, la chose la plus importante est le rythme, soyez-y attentifs, créez des accélérations, des respirations, des moments où les répliques se répondent du tac au tac, et d'autres où un silence de stupéfaction fige les personnages.

«De quoi s'agit-il?
ou La méprise»

C'est la plus récente des quatre pièces de Tardieu présentées ici, puisqu'elle est parue en 1984, alors que les trois autres ont été publiées dès 1955.

De ce bois dont on fait les personnages

Pour la première fois, nous avons là des personnages qui ont un nom : Monsieur et Madame Poutre. Est-ce à dire qu'ils sont à l'image de la poutre, droits, taillés au carré, et solides au point de soutenir un toit ? Et ils arrivent là, dans leur immense et belle naïveté, ou leur grand désarroi, pour tenter de consigner dans un procès-verbal, un cadre officiel, logique et rigide, l'élément le plus fantasque, le plus insaisissable et le plus nécessaire à leur vie, le temps.
Nous sommes là encore au cœur de la recherche poétique de Tardieu : mettre des mots sur ce qui est sans cesse et par définition fuyant.

Les personnages « administratifs » sont là, au contraire, pour représenter « le cadre », puisqu'un juge est celui qui *sait* faire la différence entre le bien et le mal et qui décide du sort des autres. Il est donc logique que les Poutre, désarçonnés par cet inconnu toujours si proche et si lointain, aillent en référer à l'autorité. Successivement appelé curé, professeur ou père, le Juge est aidé par la présence imperturbable du Greffier, qui permet de créer un équilibre entre les forces en présence. Le Juge, seul contre deux, aurait semblé faible ; à deux contre deux, le Juge et le Greffier sont les plus forts.

D'autant que sur une scène de théâtre, celui qui se tait (ici le Greffier) est le mystérieux détenteur de ce qui *pourrait* arriver. Quand il est réussi, un rôle muet peut être extrêmement puissant, donnant la mesure de tout ce qui n'a pas été exprimé.

Le décor est très simple : « tables et chaises ordinaires ». Pas de travail de son. Les déplacements ne sont pas très nombreux. Encore une fois, tout l'effort tiendra dans l'art de dire ces dialogues, qui doivent être enlevés et efficaces. Quand vous aurez acquis la virtuosité et la finesse de ces échanges, vous serez récompensés par le plaisir savoureux de redécouvrir le texte chaque fois que vous le jouerez.

Ceux qui sont sûrs de tout

Le Juge est celui qui parle de manière « normale », c'est-à-dire avec « naturel », mais aussi avec des humeurs, précisées dans les didascalies (paternaliste, énervé, adouci, ennuyé...), contrairement aux époux Poutre qui s'expriment chacun avec un « phrasé » caractéristique.
Pour donner existence au Greffier, les autres personnages doivent le prendre en considération. Vous pouvez chercher dans le texte toutes les fois où le juge dit « nous » au lieu de « je » : à ce moment-là, toute l'assistance tourne son regard en même temps vers le greffier. Par exemple, quand il commence à taper à la machine, entre « *dix ans environ* » et « *nous notons* », tous les autres se tournent vers lui quelques instants, comme s'ils en attendaient quelque chose.

Ceux qui ne peuvent jurer de rien

Madame Poutre, dite « *un peu paysanne* », s'exprime assez bien, avec des phrases construites. Ce côté « paysan », il n'est pas nécessaire de le souligner en adoptant un accent régional, mais plutôt par un parler franc et assuré, qui attaque le début et déroule toute la phrase en un seul souffle. La comédienne peut s'amuser avec énergie à oublier les virgules, à mettre une barre à chaque point et considérer comme un bloc tous les mots situés entre ces deux barres. Elle prendra une profonde respiration et les tirera comme une longue flèche qui trace jusqu'à sa cible, en articulant avec netteté. « *Ah, je sais, je sais / Tu n'as pas besoin de me le dire / Je ne suis pas plus bête qu'une autre, va / Je sais ce que parler veut dire.* » Ou encore : « *Bien sûr / Même qu'il a fini par s'installer tout à fait / Notez qu'on ne le voyait jamais que pendant le jour / Le soir, plus personne.* » Vous remarquerez que ces dernières phrases, comme beaucoup d'autres dans le texte de Madame Poutre, sont construites dans ce sens-là, avec un accent tonique au départ.

Si vous choisissez cette option, il faut la tenir scrupuleusement jusqu'au bout, à l'image de Tardieu qui, souvent, dans ses pièces courtes, prend le parti d'explorer une déformation du langage ou un usage théâtral, et suit ce fil jusqu'à la fin. Ainsi, le personnage aura une façon de parler un peu particulière, mais pas caricaturale.

Ce principe : un souffle/une phrase permet de souligner la beauté de la dernière réplique : « *Je veux dire l'orage, avec sa saleté de bruit de tonnerre pour le malheur des oreilles et les éclairs pour aveugler et sa pluie pour gonfler les torrents et inonder les pâtures ! / Le soleil, lui, il réjouit le cœur et quand on le voit, on lui dit "Bonjour, bonjour, entrez, Monsieur !" Alors il rentre par la fenêtre tant que dure le jour et quand l'orage ne le cache pas et quand il fait sec.* » (Si jamais vous manquez de souffle, respirez seulement quand vous ne pouvez plus faire autrement, quitte à vous arrêter au milieu du mot et faire « Bon/jour » ou « fe/nêtre ».) Ainsi cette femme un peu paysanne parlera comme il lui est naturel, sans lyrisme excessif, en laissant néanmoins les mots se frotter entre eux de façon superbe.

Au contraire, Monsieur Poutre, « *méticuleux et craintif* », peut hacher ses interventions, hésiter à chaque virgule, prendre un soin « méticuleux » à choisir les mots qui exprimeront au mieux ce qu'il veut décrire. De plus, il peut traîner sur certaines voyelles. D'ailleurs, vous remarquerez que ses phrases sont très longues, pleines de virgules, car il cherche la précision dans les moindres détails. N'oubliez pas qu'il dit de lui-même qu'il va assez lentement pour rencontrer les écrevisses !

À vous de jouer

Pour réussir à jouer les pièces de Jean Tardieu, pour que leur richesse, leur drôlerie, leur poésie soient aussi éclatantes et éclatées que les pétales d'une rose, il vous faudra être légers, imaginatifs et ne pas plonger dans la caricature, la gesticulation ou la profération. Ce n'est pas simple, car nous ne sommes pas, au quotidien, des êtres légers.

Toutes les propositions de travail suggérées ici sont destinées à faire sentir la dimension « poétique » des comédies de Tardieu, dont lui-même disait dans sa préface de *La Comédie de la comédie* :

« C'est que la poésie est à la fois la solitude et la rencontre. Elle est le livre et le théâtre et peut, avec la fantaisie imprévisible et la nonchalance d'un promeneur, passer de l'un à l'autre, ouvrant toutes les portes. »

À vous, maintenant, d'ouvrir des portes.

Si vous aimez le théâtre,
lisez aussi
dans la collection

**FOLIO
JUNIOR**

À PERTE DE VIE

Jacques Prévert

n° 1043

Saltimbanques, jardinier et duchesse, frère mort, et un homme qui recherche sa vie aux objets trouvés : quatre pièces cocasses et comiques.

LE BEAU LANGAGE

Jacques Prévert

n° 1044

Six sketches qui jouent sur les mots et la langue. Quatre pièces plus longues, à mi-chemin entre le scénario et le théâtre. Une grande variété de styles qui montre avec quel esprit le poète glisse d'un genre à l'autre. À vous de suivre...

EN PASSANT
Raymond Queneau
n° 1045

Irène et Joachim ne s'aiment plus, Sabine et Étienne non plus. Les couples s'en vont avec le dernier métro, les passants passent, les mendiants restent. Une ritournelle amoureuse...

FINISSEZ VOS PHRASES !
Jean Tardieu
n° 1046

Trois pièces facétieuses, drolatiques, qui, avec un esprit inégalé, explorent les possibilités du langage et ses rapports avec la scène. Poète avant tout, Tardieu dynamite les codes de la comédie de boulevard. Dans cet univers surprenant, laissez-vous emporter par la valse des mots...

LE BEL ENFANT
Jacques Prévert
n° 1100

Sept petites pièces écrites dans les années 1930, pour le groupe Octobre. S'y mêlent l'engagement de Prévert et son humour ravageur.

TROIS CONTES DU CHAT PERCHÉ
d'après Marcel Aymé
n° 1132

Françoise Arnaud, petite-fille de Marcel Aymé, et Michel Barré ont choisi trois *Contes du chat perché* qu'ils ont adaptés pour le théâtre. Cette version dialoguée, fidèle au texte original, permettra à tous de jouer avec bonheur ces récits qui ont déjà fait rêver plus d'une génération !

LE ROI SE MEURT
Eugène Ionesco
n° 1133

Comique ou tragique, pathétique ou grotesque ? Le roi d'Ionesco se voit confronté à la mort. Son univers s'écroule, notre univers s'écroule. Retrouvez ce personnage désormais classique, qui incarne l'angoisse de l'homme, son humour aussi, et qui a fait pleurer, rire et pleurer de rire des salles entières de spectateurs.

LA PLACE DE L'ÉTOILE
Robert Desnos
n° 1170

Méconnue, rarement jouée, *La Place de l'Étoile* fut écrite à la fin des années vingt par Robert Desnos, l'un de nos plus grands poètes surréalistes. Ce chef-d'œuvre de drôlerie insolite se compose de neuf scènes où se croisent d'improbables personnages à la fois proches et fuyants, en une ballade étoilée aux multiples branches.

CHARLIE ET LA CHOCOLATERIE

d'après Roald Dahl

n° 1235

Charlie monte sur les planches. Retrouvez-le, dans cette adaptation du célèbre roman de Roald Dahl, en quête du fameux ticket d'or. Parti en héros à la découverte de la fabuleuse chocolaterie et de ses folles machines, Charlie est entraîné dans un univers fantaisiste et irrésistiblement drôle.

L'INTERVENTION

Victor Hugo

n° 1236

Edmond peint des éventails, Marcinelle est brodeuse. Ils s'aiment mais ils sont pauvres. Un jour, une chanteuse et un baron font irruption dans leur petite mansarde. Sauront-ils résister à la tentation d'une vie plus facile mais superficielle? Une pièce étonnante, drôle et virulente, tirée du *Théâtre en liberté* de Victor Hugo.

LE MINOTAURE

Marcel Aymé

n° 1292

Un citadin nostalgique de la campagne fait installer un tracteur au beau milieu de son salon. Sa femme est horrifiée, mais l'idée est du dernier chic !

LE BAL DES VOLEURS

Jean Anouilh

n° 1317

La ville de Vichy est réputée pour sa tranquillité et ses bienfaits. Mais de drôles de voleurs cherchent à détrousser les curistes et à séduire les jeunes filles de la bonne société… Une comédie gaie et pétillante d'une fantaisie étourdissante. Une vraie fête du théâtre par l'un de nos plus grands dramaturges.

LA MAGIE DE LILA

Philip Pullman

n° 1436

Dans un lointain royaume d'Orient, Lila rêve de fabriquer des feux d'artifice comme son père. Mais pour cela, elle doit gravir un volcan et en rapporter le soufre royal. L'intrépide Lila se lance dans l'aventure, aidée de ses fidèles amis, Chulak et Hamlet, un éléphant qui parle !

SACRÉES SORCIÈRES

d'après Roald Dahl

n° 1452

Roald a perdu ses parents dans un accident de voiture et il vit avec sa merveilleuse grand-mère. Mais les Sorcières rôdent partout, en quête de chair fraîche, et traquent les petits enfants… Sept courtes pièces en forme de variations à partir du célèbre roman de Roald Dahl.

Le papier de cet ouvrage est composé
de fibres naturelles, renouvelables,
recyclables et fabriquées à partir de bois provenant
de forêts gérées durablement.

Mise en pages : Dominique Guillaumin

ISBN : 978-2-07-065145-0
N° d'édition : 336908
Premier dépôt légal dans la même collection : mars 2002
Dépôt légal : mars 2018
Imprimé en Espagne par Novoprint (Barcelone)